Productive Group Work

教师如何提高学生小组合作学习效率

[美] 南希·弗雷 Nancy Frey
道格拉斯·费舍 Douglas Fisher
桑迪·艾佛劳芙 Sandi Everlove

中国青年出版社

图书在版编目（CIP）数据

教师如何提高学生小组合作学习效率 /
（美）弗雷，（美）费舍，（美）艾佛劳芙著；刘琳红译.
—北京：中国青年出版社，2016.4
书名原文：Productive Group Work: How to Engage Students, Build Teamwork, and Promote Understanding
ISBN 978-7-5153-4034-0

Ⅰ.①教… Ⅱ.①弗… ②费… ③艾… ④刘… Ⅲ.①课堂教学 – 教学研究 Ⅳ.①G424.21
中国版本图书馆CIP数据核字（2016）第000036号

Translated and published by China Youth Press with permission from ASCD. This translated work is based on Productive Group Work: How to Engage Students, Build Teamwork, and Promote Understanding by Nancy Frey, Douglas Fisher, and Sandi Everlove. © 2009 ASCD. All Rights Reserved. ASCD is not affiliated with China Youth Press or responsible for the quality of this translated work

教师如何提高学生小组合作学习效率

作　　者：	［美］南希·弗雷　道格拉斯·费舍　桑迪·艾佛劳芙
译　　者：	刘琳红
责任编辑：	肖　佳　杨　迪
美术编辑：	李　甦
出　　版：	中国青年出版社
发　　行：	北京中青文文化传媒有限公司
电　　话：	010-65511272/65516873
公司网址：	www.cyb.com.cn
购书网址：	zqwts.tmall.com
印　　刷：	大厂回族自治县益利印刷有限公司
版　　次：	2016年3月第1版
印　　次：	2025年8月第13次印刷
开　　本：	787×1092　1/16
字　　数：	80千字
印　　张：	11
京权图字：	01-2015-5674
书　　号：	ISBN 978-7-5153-4034-0
定　　价：	39.00元

版权声明

未经出版人事先书面许可，对本出版物的任何部分不得以任何方式或途径复制或传播，包括但不限于复印、录制、录音，或通过任何数据库、在线信息、数字化产品或可检索的系统。

中青版图书，版权所有，盗版必究

致　谢 [009]

前　言 [011]

第一章　什么是高效的小组合作学习 [025]

小组活动的基础 / 025

　　027　建立积极的相互依存

　　030　进行面对面互动

　　031　明确个人责任和小组责任

　　032　有意培养人际和小组交流技巧

　　034　小组经验总结

小组任务要有意义 / 035

小组合作学习与学生能力划分 / 037

参与此次项目的教师 / 037

第二章　建立小组成员积极的相互依存关系 [039]

学生能够从自身学到什么 / 039

积极的相互依存有益学习 / 041

建立积极相互依存的方法 / 043

　　043　创造不同的学习体验

　　044　分配任务的切块拼接法

　　048　引导学生主导的交互式教学

三个示范课堂 / 051

　　051　小学科学课・艾伦老师

　　054　中学人文课・伏戈尔老师

　　056　高中社会研究课・吉布斯老师

第三章　增加学生面对面的互动 [059]

通过体验式学习增进学生理解 / 061

教师需要做出示范 / 065

培养面对面互动的方法 / 068

　　068　速写笔记

　　070　同伴讨论

　　072　角色扮演与模拟仿真

三个示范课堂 / 073

　　073　小学语文课・艾伦老师

　　074　中学人文课・伏戈尔老师

　　075　高中社会研究・吉布斯老师

第四章　明确个人与小组的责任 [077]

把责任制融入到任务中 / 078

设定小组任务的预期 / 080

给出针对任务的反馈 / 081

  082　观察法

  082　谈话法

铺设学习的路径 / 085

明确个人和小组责任的指导方法 / 086

  086　人头编号法

  088　共同构建的成果

  088　阶段性写作

  089　写作框架

三个示范课堂 / 094

  094　小学科学课·艾伦老师

  095　中学人文课·伏戈尔老师

  096　高中世界历史课·吉布斯老师

第五章　培养人际与小组沟通技巧 [099]

学生需要有机会练习沟通 / 100

培养人际交流和小组沟通技巧的常规指导方法 / 103

  103　思路清晰、沟通明确

  106　积极地倾听

  109　回应同伴

112 从不同角度思考问题

三个示范课堂 / 115

115 小学数学课·艾伦老师

116 中学语文课·伏戈尔老师

117 高中历史课·吉布斯老师

第六章　引导学生总结合作学习经验 [121]

总结有益于学生大脑的发育 / 122

总结合作学习经验的方法 / 123

124 自我监控问卷

126 学习日志

128 圆桌活动

三个示范课堂 / 130

130 小学语文课·艾伦老师

132 中学人文课·伏戈尔老师

134 高中历史课·吉布斯老师

第七章　小组合作学习问题解答 [141]

如何将学生分组 / 141

141 学生的能力不是分组依据

142 混合能力分组的最好方式

144 3~5人组成一个小组

145 小组合作学习的时间

146 当小组不能良好运作时，我该怎么做

如何提供小组学习材料 / 147

　　147　划定小组的学习内容

　　148　协调不同能力的学生

如何介绍小组活动 / 150

　　150　如何让学生准备好参与到小组活动中

　　153　如何把小组活动引入到课堂上

结　论 [157]

通向独立学习的合作之路 [161]

作者信息 [167]

致 谢

本项目由鲍尔基金会的罗伯特·鲍尔发起,与中等规模的市区学校合作,旨在提升学生的读写能力。该基金会项目与合作区域范围内的密歇根州大溪城诺斯维尤中学联合协作,从而获得了许多与高效小组活动相关的课堂范例。在这里,我们要感谢鲍尔基金会,诺斯维尤中学的教师和行政人员,感谢项目组成员,他们毫无保留地与我们分享了自己的课堂教学经验,并给予了我们鼓励和支持。

与此同时,道格和南希向他们的合著者桑迪表示感谢。桑迪为这本书提供了大量帮助,并分享了她从课堂教学中和英国"以教为先慈善机构(Teach First)"培训项目中获得的有关提升小组活动效率的丰富经验。

前言

团队的智慧是无穷的。早在20世纪初,人们就对小组活动产生了兴趣,至今仍在不断探求,所有收集的资料都表明:在适当的外部环境下,团队的智力能力会非常显著,通常比团队里最聪明的人还要更胜一筹。虽然我们并不提倡教师们完全把课堂翻转过来,在不给学生任何指导的情况下,让学生合作完成任务,但是我们一直建议教师应当把高效的小组活动视为高质量教学的一个必要内容。

从小组活动中获取最大的受益,让小组能够实现高效率,关键是创建"适当的外部环境"。在这本书里,我们希望能够为大家说明,什么才是有利的外部环境以及如何在你的课堂上实现这些条件。如果教师设定了恰当的外部环境,不可思议的事情便会随之发生:学生会互相学习,最终会比孤军奋战学到更多东西。

那么,什么样的小组活动才是高效的呢?从下面的例子中可见一斑。

在安伯·约翰逊的社会科学课上，学生在研究印第安人和印第安食物，其中一个小组任务是研究食物的来源。老师为每个小组设定了一种食物来源，同时，小组中的每个组员都必须找到相关信息并和其他组员分享。学生可以上网，也可以查阅各种书籍。教师要求最终学生把他们的发现结果以小组为单位写出一份材料，每个组员至少要写一句话（要用不同颜色的笔）。除此以外，每个组员都必须而且能够在老师提问时解释整篇文章的内容。其中，被指定以橡子为研究对象的小组在报告中写下了这样一段话：

> 收集橡子是一项复杂的劳动，你需要能够区分橡子的好坏。如果是在秋天找橡子，因为橡子已经成熟了，所以会掉到地上。当你采集橡子时，一定要采集那些顶端有"盖子"的，因为没有盖子的橡子里面可能会有昆虫幼虫。这样判断的主要原因是，没有盖子的橡子之所以还能掉落到地面上，是因为虫子在橡子里蠕动，使橡子的盖子变得松动。你还必须要认真检查你最后采集的橡子壳上是否有洞，因为这些洞也说明这些可能是个坏了的橡子。

这段话言之凿凿，所传达出的信息准确而有趣，更重要的是，它是这一组学生通过合作与分享信息所共同得出的认知结论。和同学一起巩固知识，也是在为以后能够独立完成任务做准备，让学生为可能发生的独立学习打好基础。

我们所有的人都是在与同伴的互动中增加见闻的，与别人的互动本身就是日常生活的一部分。几年前，在我们参加一次教育会议时，就发生了这样一次非正式的小组学习活动，故事不是发生在开会期间，而发生在我们小组吃早餐的时候。

那天清晨，我们起床后得知了这样一则新闻：一位名为约翰·马克·卡尔的男士已经承认与琼贝内·拉姆齐谋杀案有关。该名男士已被捕，并被从泰国押送到科罗拉多州,大家都读了报纸上的报道。作为老师,我们会在阅读时采用各种我们经常教给别人的理解策略,明确那篇报道的主要意思,找到辅助证据,把描述视觉化,采用归纳、推断等方法,这些对我们来说并非难事。然而,我们至今仍记忆犹新的并不是报道的内容,而是报道引出的小组对话。

那天清晨,餐桌上大家你一言我一语,热闹极了。终于找到凶手了,拉姆齐家可以得到解脱了。然后,我们组的一个人很沮丧地说:"为什么这个罪犯坐头等舱?我来时坐的可是经济舱!"谈到这里,话锋一转,另一个人说:"那么,是不是就该建议这个罪犯坐经济舱?经济舱里可有很多孩子啊!"最后,我们得出结论,还是把这个凶杀嫌犯放在头等舱好些,因为其他乘客的安全更重要。随后,又有人质疑:"可是,为什么他在飞行途中还有香槟喝,是香槟吧?"

一石激起千层浪,于是大家开始畅所欲言、各抒己见。从报纸上的文章谈到法律体系:在被警方拘留的情况下,罪犯饮用酒精,由此采集的证据能否用在法庭上?对此大家虽然都不确定,但都很想知道答案。这次小组讨论,面对面地进行互动和信息交换,激起了大家的兴致,引出了一系列问题。要做到这一点,需要把文本中的信息拿出来,在细节上进行讨论。我们还需要进行推理,需要倾听、讨论和协调,最后才得以确认并拓展我们自己的理解,从而大家互相学习。

几十年来,教育工作者们已经体会到了合作性的小组学习有多么重要。大量的研究表明,相对于独自学习的学生而言,那些参与了合作学习的学生在学习和转述能力上展现出了更高的水平,而这种学习能力的提高在小学、初中和高中的所有学科都有所体现。同样让我们印象深刻的是,研究表明:小组合作学习最终还增强了学生的自信心,改进了学生之间的关系,同时还提升了他们的社交技巧和教育能力。研究还表明:小组学习对中学生之间的互动交流产生了积极的影响。学生反馈说相对于独立工作，他们更喜欢合作性小组学习。在课堂上体验过合作学习方法的小学生也展现出更强的学习动力，并对学校的认识也更为积极。

问题出在哪里

虽然对于合作性学习的有效性有大量论述和记录，但我们清楚地认识到，合作学习也有很多失败的案例，这就是为什么有如此之多的学生抵制小组协作，还有一些教师避免在课堂上使用小组学习方法。

事实上，大多数学生（和许多教师）从未体验过真正的合作学习。对于大多数人，合作学习的经验只是被丢到一组，然后被要求创造出一个作品，学习一种技能或完成一项任务，然而从始至终却没有得到老师任何的支持和指导。在这种情况下，学习小组通常在开始时都会抱着良好的意愿，但最后的结果却通常是，一两位学生接手并完成了大部分工作，而其余学生只发挥了很小的作用。那些"工蜂"们常常觉得自己被同学利用、被占便宜或是被束缚住了，而那些被边缘化的人常常觉得自信心不足，跟不上别人，或是提供不出什么有价值的东西。无论学生在小组学习中有过怎样的体验，是工蜂、地鼠还是搭顺风车的人，结果通常都是一样的——心灰意冷，收获也微乎其微。

道格（本书作者之一）现在还记得，他在一所尝试合作学习方法的大型公立学校读高中时，就有过这样的经验。问题就出在，他的老师们在分配任务时并没有提出个人责任制，所有的学习小组在这种情况下都是在一起做"一件东西"。比如，他的政治课老师给每组都安排了研究题目，给每组都发了一摞表格，让他们填好，为小组论文和发言做准备，其中有一张表格要求小组成员总结出指定话题的正反两方面观点（道格那组的指定题目是作为抗癌药物的扁桃苷制剂）。他们的任务涉及到了很多需要关注的特定的领域，包括经济、政治/自由、健康、安全、道德/正义、宗教、法律和美学等。

在高中时道格就明白了，选那些愿意努力工作来取悦老师的同学作为小组成员大有益处，因为他们越心甘情愿地努力工作，他自己需要付出的就越少。可以说，道格就是一个喜欢搭顺风车的人，结果他在高中时代基本没做什么事（然而他说大学生活给了他重重一击，因为他不得不努力养成好的学习习惯并找到时间管理技巧）。

道格那一组完成了政治课项目，并按时提交了所有的表格——共18张表。这个小组在装表格的纸袋上得到了A，他们的论文和报告成绩也都是A。道格回想起来，自己作为小组成员，既没做任何准备工作，也没参与论文写作，但他确实记得自己参与了演讲，只不过稿子是另一位组员写的。显而易见，道格从这次经验中学到的东西并不多，而老师最终也没弄清楚哪些学生理解了学习内容，哪些没有理解。在这里，由于合作学习小组运作失败，老师无法检验学生是否理解，教师指导和学生表现之间便无法产生联系。这是因为，小组学习的设计目标并不能够从学生个人表现中获取信息，老师也就想当然地认为小组中的每个成员都同样透彻地理解了内容。

虽然道格的老师当时也许没有认识到这些合作学习是不成功的，但如果小组学习乱作一团，多数教师是一定会意识到的。数学老师格蕾丝·科茨这样描述了这样一次早期的小组学习"冒险"经历：

> 我觉得应该出现合作性对话的地方，学生却针对材料争论不休。我想象应该有微笑的地方，他们却闷闷不乐。一些学生的脸上挂着胜利的微笑，因为他们如愿以偿地得到了想要的工作或者材料。我本来希望学生能够认真思考、充满好奇的地方，他们却面带乞求地问我："我做什么呢？"对于这样的结果，我大失所

望,我没有能力改变这一切,无法让他们进行有效的学习。

虽然科茨一开始就相信,只要分了组就万事大吉,但她后来逐渐认识到,她的学生需要学习如何就一项有意义的任务和别人进行交流。

因为小组活动已经成为成年人日常生活重要的一部分,所以我们很容易认为小组活动很简单,因此低估了发展思考能力、规划能力和交际技能对于学生成功进行合作的必要性。教师们知道小组活动有很多益处,然而却在没有明确和构建合适的外部环境的情况下就草率启动了。教育专家伊丽莎白·科恩(Elizabeth Cohen)指出:"一开始有吸引学生的话题,但对于小组活动规划却无计可施的教师……很可能会遇上麻烦。"

这本书的目的是为一线教师提供一些必要的方法和知识,用来设计和指导小组活动,使之进展顺利,成效显著。在第一章你就会看到,我们将会详细阐述之前提及的合作性学习研究,同时还包括有关消极计划和区别性指导等更前沿的信息。后面你将读到,在本书所涉及的高效小组活动中,所有学生的活动内容都是与学习相关,并与其他同学共同完成的,最后把所有个体的研究结果整合起来,所有成员的知识都得到了扩展。

高效小组合作学习概览

道格和南希在《通过系统化教学提升学习效果》(Fish & Frey, 2008a)一书中重点阐述了逐步释放的责任(GRR)的教学范式,本书也体现、传承并支持了这一教学方法。逐步释放的责任(GRR)教学模式要求在完成任务的过程中教师要从由自己全权负责过渡到让学生全权负责,这个逐步放权的过程时间并不确定,也许是一天,一个星期,一个月或是一年。教师一开始就要给学生示范理想的学习状态,在这个过程中,学生所承担的任务与责任越来越多,从参与示范课到学习互相指导,再到与同伴合作,最后到独立完成任务(见图A)。

图A 逐步释放的责任模型

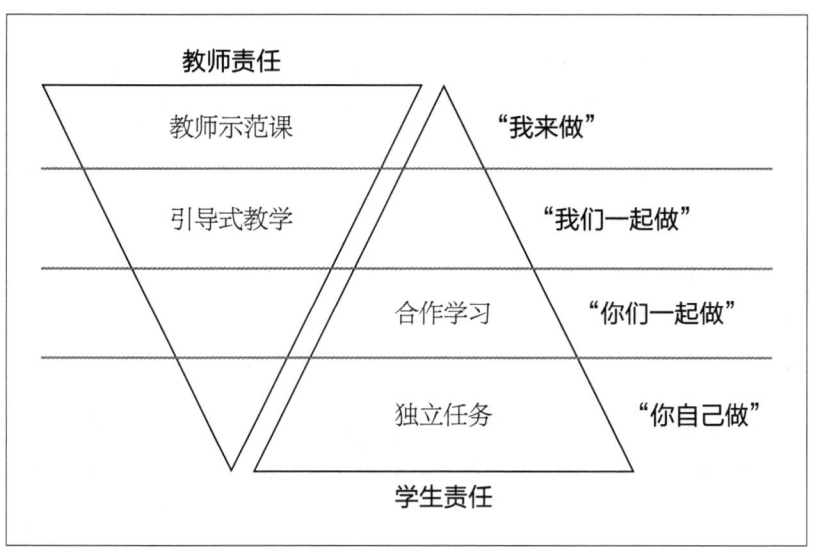

逐步释放的责任（GRR）教学法的结构内容如下：

1. 教师示范课：教师设定课程目标，并建立符合自己思路的上课模式，向学生说明如何学习新知识。

2. 引导式教学：教师有策略地提示学生评价体系的相关标准，并使用暗示和提问等方式引导学生不断提升其思维难度，帮助学生逐渐建立起完成任务的能力。

3. 合作学习：教师设计并监督任务进程，让学生把他们的想法和认识统合起来，同时还要要求学生总结出个人成果，由此为评估提供部分信息。

4. 独立完成任务：教师设计并监督任务进程，要求学生利用所学到的方法和知识来创造出新的具有原创性的成果。由于采用了"螺旋式复习"（spiral review）的方法，教学进程到这一阶段就进入了理想的状态，因为许许多多的教育者都知道他们的学生需要通过复习运用之前的知识来巩固现有知识并创建新的成果，通过让学生展示他们已经得到拓展的能力，建立学生的自信心。

在这里，我们所强调的高效小组活动试图更正这样一个问题：现行的逐步释放的责任教学模式（GRR）主要侧重在师生之间的互动，却忽视了学生与学生之间的互动，即与同伴进行合作式学习。与之不同的是，这里，有效的小组活动给学生提供了一个通过合作完成具体任务的机会，这些任务有时是由教师设计并指导的，有时是由学生发起并独立完成的。不论哪种模式，这些任务都给学生提供了一个机会，让他们通过与同伴合作来解决问题，发现新信息，最终完成项目。

最高效的小组合作学习任务能够让学生使用他们在教师示范和引导式教学中学到的东西，教师要让学生做好独立学习的准备，这才是教学的终极目标。而效率低下的学习任务是指那些与学习过程或话题脱轨的任务，很多时候，效率低下的学习任务反而成了小组活动的主流，我们认为这也是教师们极少把合作模式放在责任逐步释放教学模式（GRR）中的原因。在这本书中，你将会遇见抵制这一趋势的教师，他们定期把高效小组活动运用到逐步释放责任教学模式中，确保所有学生都能学有所得。那么，在进行深入阐述之前需要稍作停顿，思考一下教师在小组活动中的角色，这样做是很有意义的。

高效小组活动中的引导式教学

如果说高效小组活动主要强调学生之间的合作，那么教师应该做些什么呢？南希记得自己是在教室里巡视小组活动，不怕被人嘲笑老掉牙，她把那时候的自己比作电影《爱之船》中的邮轮总监。她的工作似乎就是巡查人们是否还好，是否开心。后来，对于教师在高效小组活动中的角色她有了更深刻的理解。

前面，我们介绍了引导式教学的概念，把这一教学方法定义为有策略地使用暗示、提示和问题。引导式教学是一种教师行为，可以针对整个班级，也可以针对小组或学生个体。随着课堂逐步展开，教师常常要明确什么时候使用对象规模不同的引导式教学方法，是针对全班，还是针对小组或学生个体。比如，安德森老师解释了她的课将着重分析数据并计算出概率，由此设定了课程目标，那么随后她也许需要像下面这样向学生示范如何算出一道概率题：

一个转盘有四个面积大小相同的区域，分别是黄色、蓝色、绿色和红色，那么滚动转盘时，它停在蓝色区域的可能性有多大？停在红色区域的可能性有多大？

安德森老师给学生讲解了她解决这个问题的思路：

我看到转盘上有四种颜色可选，每种颜色看上去占了相同的面积，题目中说四块区域面积大小相等。我就知道了，这意味着转盘停在红色、蓝色、绿色和黄色的机会是相同的，我还知道转盘一次只能停在一种颜色上。所以，现在思考第一个问题，我知道，落在蓝色区域只有一种方法，那就是让转盘在蓝色区域停止旋转，于是，我把数字1写在上面或者说作为分子。要得出分母，我需要想出所有的可能性。共有四种颜色，转盘停留在四种颜色中的任意一种。4就是分母，因此，比率是1/4。那么，转盘停在蓝色区域的概率就是1/4或者25%。

这样示范以后，安德森老师引出了下面的问题：

从字母表中选出元音字母的概率是多少？

对于这个问题，她使用了针对全班的教学方法。她首先提出下面的问题：

安德森老师：在思考这个问题之前，我需要知道些什么？

玛莎：一共有多少个元音字母。

安德森老师：很好，正确。英语中共有多少个元音字母，埃德加？

埃德加：五个或六个，要看算不算字母y。

安德森老师：有道理。对于这个问题，我们先认定有五个元音字母。那么现在，要解决这个问题，我们还需要知道哪些信息？

科丽阿玛：分母。分母是26，因为英语中共有26个字母。

安德森老师：正确，完全正确。那么哪个是分子，哪个是分母？在你的写字板上写下你的答案，然后举起来给我看看。

这时，安德森老师环视整个教室，等着学生在写字板上写下"5/26"给她看。大多数学生都给出了正确答案，但还有四名学生的答案是错的。于是，她认为这个班的大多数学生已经可以进行与概率相关的有效的小组学习活动了，而且她很清楚，已经理解了以上问题的学生不再需要她另外进行指导了。于是，她请学生三人一组（这些小组是之前分好的）做下一道题目，她是这样对学生进行指导的：

记住，解决这道问题可以有三种方法：用数字，用语言，用模型、图解或图像。你需要用自己的方法向其他人解释你的答案。如果第一道题你是用数字解决的，那么第二道题你就要改用字母，以此类推。每个人都有三次机会尝试用三种不同的方法解决这些问题，记住在每道题上都要写下你的名字和你所使用的方法。

安德森老师讲解完，多数学生都开始做题了，她请之前问题没有答对的四位同学到教室中间的圆桌旁。每年，在不同的时间，班级里的每位学生都会来到中间的圆桌和安德森老师一同探讨问题，接受老师的指导，而其余同学在进行他们的小组活动。四位学生来到圆桌前，安德森老师给出了一道新的题目：

安德森老师：我们来做一道特别难的题，怎么样？

学生：好！

安德森老师：好。下面我们来看第九道题："一个玻璃罐里有6个红色、5个绿色、8个蓝色和3个黄色的弹球。如果一次只能从玻璃罐中任选一个弹球，那么选择红色弹球的概率是多少？选择绿色弹球的概率是多少？"哇，好多信息！我们要怎样准备解答这道题目呢？

迈克尔：嗯，共有6个红色的，所以是从6个中选1个。

安德森老师：部分正确。我们再想想。你要选一个弹球，这一点是对的，但是共有多少个红色弹球呢？

迈克尔：6个。

安德森老师：那么是不是说，当你只能选一个弹球的时候，你有6次机会选到红色？

莎拉：但你只能选1个，不是6个，题目中都说明了。

安德森老师：你说得对，你只能选一个弹球。但是罐子中有多少个红色弹球呢？概率就是这样计算的。

莎拉：哦，因为你可能选择到六个红色弹球中的任意一个，对吗？

安德森老师：很好。迈克尔，你能给阿莫德解释一下吗？

迈克尔：我试试。罐子中有一些弹球，其中有6个红色弹球，所以当你每次拿一个弹球时，你有6次会拿到红色。

阿莫德：我明白了，分子是6，但我还是不知道分母是什么？

杰西卡：我觉得很简单，就是总数嘛。罐子中共有22个弹球，我把红、绿、蓝、黄四种颜色的弹球加在一起，共22个。但我不明白的是，为什么要说"任意"。如果罐子是玻璃的，我就能看见所有的弹球，只要选一个红色的就好了。

阿莫德：也许那是一种无法看到里面的玻璃，这样你就只能猜选了。

迈克尔：那么22就是分母？结果是6/22，对吗？

杰西卡：你忘了进行约分，你不可能给出那样一个分数。

莎拉：约分后是3/11，对不对？

安德森老师：还有人得出不同的答案吗？我看看。没有？那么我们就得出了答案：选择红色弹球的概率是3/11，那么选择绿色弹球的概率是多少？

在安德森老师给四位学生进行辅导时，班级其余的学生正在三人一组解答题目。给这小组学生辅导完后，她又加入到其他小组中，看他们是否理解了。虽然她看见杰夫、卡拉和马克这个三人组用数字和图解做出了题目，但这三名学生似乎很难用语言表述他们的解决方法。她像之前在中间的圆桌上指导那几位学生一样，使用一系列相似的问题，对这三名学生进行指导：

安德森老师：好吧，现在不写，我们来开始讨论一道题怎么样？杰夫，你能读一下第四题吗？

杰夫：好的，题目是，"安妮在丢一个六面色子，她丢出偶数的概率是多少？"

安德森老师：很好。我看见你已经有了答案，还用图解说明了计算过程，说一说你是怎么解决这个问题的吧。

卡拉：好吧。我先问自己，一个色子有多少个偶数，是3个。

安德森老师：很棒。那么你怎么用语言写下来呢？

杰夫：一个色子有三个偶数：2, 4, 6。

安德森老师：是的，把它写下来。马克，下一步做什么？

马克：我知道一共有六面，那就是说这个女孩丢出偶数的次数是6中取3，而3/6与1/2是一样的，所以我写下了1/2。

卡拉：哦，我明白了，并不难。我们还可以说她丢出2的概率是1/6，同样丢出4的可能性是1/6，丢出6的可能性也是1/6……加在一起就是6中取3，3/6。

杰夫：也就是1/2。我明白了。我们来做下一道题。

在大声解释思路的过程中，学生得以在其他人的想法的基础上构建自己的思路，并进一步阐明他人的想法，杰夫、卡拉和马克所共同了解的东西要比单独任何一个人所了解的要多得多。现在，他们已经完成了任务，安德森老师看见他们很快就能够独立做概率题了。

这就是这本书即将涉及的内容——让学生进行有效的小组合作学习，允许他们进行实战练习，给机会让他们把不同的理解整合起来，逐渐过渡到独立学习。高效小组学习还给教师们提供了这样的机会，即不必牺牲整个课堂时间就可以对有需要的学生进行再指导。换言之，高效的小组合作学习是逐步释放的责任教学方法中的重要部分，能够帮助学生获得能力并学会独立学习探索。

第一章
什么是高效的小组合作学习

自苏格拉底以来,教育者们就知道,知识的构建和拓展是通过思想的碰撞实现的,应当鼓励学生提出问题,激发彼此进行更深刻的思考。今天,由于科技的发展,人们即使远隔重洋也可以合作进行学习和工作了。比较有代表性的例子是,驻南极科考站阿蒙森·斯科特站的杰瑞·尼尔森医生能利用网络技术与在印第安纳州的同行们讨论。他们共同确诊,尼尔森得了乳腺癌,并制订出在她被转移出科考站前的治疗方案。然而,不论是围着桌子讨论还是通过互联网沟通,成功高效的小组活动所具备的元素都是一样的,最终结果也是一样的:有益的结果。在学校这一情境中,这个结果就是让学生获得新的理解和收获,在学业和交流能力上不断进步。

小组活动的基础

虽然小组合作学习被运用在教学中已经有几千年的历史,但是直到20世纪70年代利维·维谷斯基的著作问世后，小组合作学习才被广泛视为学习过程中关键的一步。利维·维谷斯基作为在同伴互助学习研究方面最具影响的理论家，让全世界注意到合作的至关重要。他提出，孩子在学习发展过程中形成的每一种能力似乎都包含了两个方面：首先，是社会层面的，其次，是个人层面的；首先发生在人与人之间……其次发生在孩子内部。换言之，学习是具有社会属性的，孩子从与成年人和同伴的人际互动中所学到的东西构成了形成复杂思维和理解力的基础。随着时间的推移，这些技巧、学习和思维过程逐渐内化，进而可以独立使用。简言之，孩子们不仅仅学会了思考什么，还学会了如何思考。

维谷斯基认为，所有的学习都是社会文化现象的产物，在与他人互动中得到调节，或者在人际互动中塑造而成对世界的看法。学生在学习过程中，如果无法通过拓展视野有所裨益，那么就会受到个人经验范围的限制，因此，学生需要通过与同学互动来拓展寻求新信息的能力。由此可见，与同学合作是学习过程中的必要部分。毋庸置疑，维谷斯基明确地提出教师和同学都是学习过程的重要塑造者。因此，我们必须这样看待小组合作学习，即小组合作学习绝非单纯的完成项目和任务的媒介，高效小组合作学习是学习和掌握知识不可或缺的跳板。

然而，正如我们在前言部分讨论的一样，小组活动也会出错，而且常常出错。即便我们认识到小组学习对于学生来说至关重要，但只把学生分成小组并给出任务，并不意味着他们很快就会学会或掌握知识和方法，因为外界环境必须与之适宜。大卫·约翰逊和罗杰·约翰逊在其影响深远的著作《共同学习与独自学习》中明确了成功的小组活动必须具备的众多条件，他们把合作学习定义为教学安排，即给2~6个学生合作完成一项任务的机会，由此构建他们的知识结构和对内容的理解。两位约翰逊老师提出的五个原则包括：积极的相互依存，面对面的互动，明确个人与小组的责任、人际和小组交流技巧以及小组学习合力——为一代又一代的教师所熟知。

然而，虽然多数小学中学教师都报告说，他们在课堂上进行了富有特色的小组合作学习，但是也有许多教师坦承在帮助学生进行小组内互动时遇到了很多困难。在下面的章节中，我们将详细探讨两位约翰逊老师提出的每一个合作学习原则，从理论层面探讨每一个原则的重要性，以及采用怎样的例行程序把每一个原则融入到小组活动中，并举例说明教师是如何在课堂上对学生小组活动提供最有效帮助的。首先，我们概览一下两位约翰逊老师提出的五个原则，并简单说明教师在课堂上是如何运用这五个原则提高小组活动效率的。

建立积极的相互依存

为了在小组内部建立积极的相互依存关系，教师要精心设置小组任务，需要每位成员参与进来才能确保任务顺利完成。学生必须清楚地认识到，完成任务需要彼此互相帮助，相互依存。所布置的任务还应该能够有效利用小组成员的多样性，使每个人的潜能都能得到开发和利用。约翰逊认为，相互依存需要通过以下四种方式实现。

1. 所设定的目标需要体现相互依存的关系，在分配任务

时要求每位小组成员都要做出自己的贡献，确保顺利完成任务。换句话说，小组成员需要共进退，共存亡。

2. 在分配资源时，需要确保每位小组成员为了完成任务都能够得到属于自己所必需的那部分信息，没有人能够独立完成任务，也没有人能够在没有其他成员贡献的情况下完成任务。

3. 奖励是建立相互依存关系的最有效的催化剂，既奖励个人对小组的贡献，也要奖励整个小组的努力成果，这样小组成员就能够认识到，他们的利益是与彼此学习的状况和自己的学习状况息息相关的。

4. 在分配角色时给每位小组成员提供一种独特的方式，使其参与到小组活动中来。为了完成任务，每个小组成员的工作都是不可或缺的。通常的角色包括：记录员、材料管理员、激励者、发起者和成果汇报者。

课堂上　密歇根州诺斯维尤的东奥克维尤小学四年级教师特丽莎·扎诺皮斯和她的学生们就定期使用高效小组合作学习来深化并拓展他们对文本的理解。扎诺皮斯老师把她为了实现以上目的所设计的这种小组活动称为"立方体"，在学生读完文章后，就进行小组活动来讨论问题，激发对方从文本中构建意义。小组成员通过丢色子来决定回答问题的顺序，色子上的六个数字分别对应六个题号。如果第一名学生丢出了3，那么她就是第三题的小组讨论组织者和记录者。比如，在读了有关加利福尼亚淘金热的文章后，各个小组坐到一起丢色子,然后讨论以下问题。

1. 描述题　不过一年时间,旧金山就从900人的小城扩张成为有着庞大的5.6万人口的城市!请描述一下这个城市如何实现了迅速的扩张,尽可能列出所有的细节。

2. 分析题　在淘金热时期,美国加州人口发生了巨大的增长,这一变化导致了哪些问题?

3. 应用题　许多人把"来到加州"视为"一夜暴富"的途径,却并不想通过开采金矿致富,人们还通过哪些不同的途径在淘金热中赚到了大钱?

4. 观点题　你觉得是迅速致富好,还是坚持一种过程较慢但更安全的方法赚钱好?为什么?

5. 创造题　如果你生活在淘金热时代,除了开采金矿,你会想出什么办法赚钱?

6. 视角题　你会劝你的父母举家迁到加州去淘金,还是会反对他们这样做?为什么?

当然,学生可以独立回答这些问题,但是扎诺皮斯老师很清楚,通过整合所有成员的想法,学生会更好地理解并拓展他们对文章内容的理解。为了确保每位小组成员都参与进来,扎诺皮斯老师采用了一种叫作"逐一轮流"的讨论规则(是指围着桌子逐一轮流,让每名学生都有机会发言)。每名成员都要把一张纸平均分为六块,在其他同学发言时做记录,每一题的小组讨论组织者需要在笔记中列出那道题的关键想法和要点。这些笔记就是小组内部集思广益的可视化记录，为每一位成员提供了自己和其他成员的思路笔记。这些学生知道，在小组讨论结束后，所有小组都要参加有关这一话题的全班讨论，到时小组中的每个成员都有可能被要求回答六个"立方体"问题中的任何一个问题。学生很清楚，对于所有人最终目标是参与进去，并能讨论文章内容。除此以外，他们还知道，他们的奖励或者小组分数取决于扎诺皮斯老师所观察到的小组讨论状况和在全班讨论中的表现，他们因此会受到鼓舞，每个人都参与到小组讨论中来。她的一位学生说："第一次所有人都在听我阐述自己的想法——连迈克尔都在听！"

进行面对面互动

为了整合思路并在此基础上产生新的理解，学习小组还需要进行频繁的面对面互动。这一原则的要点是，活动的设计要能够激发学生交流思想，而不仅仅是制定出任务分工。我们也许会认为，小组成员坐在一起时必然会进行互动，但我们所见的却是：小组成员并没有互动，他们坐在一起仅仅是把任务进行分割，并商量如何把个人完成的部分组合在一起。比如，有一次我们就看到，当给各小组分配完任务，要求他们做一个有幻灯片的课堂展示后，他们便迅速进行了分工，然后就解散去各自的电脑前做幻灯片去了。这些学生后来也确实又凑到一起，把幻灯片组合起来，然而却没有对课堂展示的内容进行讨论，到了展示时，学生只要讲解他们所做的那部分就可以了。当有人提问时，除非是关于自己所研究的那部分，否则没有一位学生能够回答出来。

不可否认，新科技正在不断拓展面对面互动的形式。道格、南希和桑迪都是新网络学习技术的支持者，在第三章的小组活动中，我们将会探讨社交技术工具的使用。

课堂上 扎诺皮斯老师为了在小组成员间建立相互依存关系使用了"立方体"模式，其中两个设计要素也有利于提升面对面互动的效果，这是因为，她要求小组中的每位成员都要准备好在全班讨论中回答六个问题中的任意一个。小组成员必须互动并分享自己的想法，才能保证每个成员都做好准备。简单地划分任务，让一个人负责回答一两个具体的问题，在这里是行不通的，逐一轮流的规则也保证了每位学生都有机会贡献自己的才智。为了防止个别学生在讨论中强势主导其他人，扎诺皮斯老师说她"在一些关键性谈话中，会限制时间，这样学生就不会跑题"。同时，对于那些在具体问题的讨论中遇到困难，不能给出自己想法的学生，她会给他们理解提示卡片，帮助学生进行互动。

明确个人责任和小组责任

作为教师，我们关心的是每位学生都能学到东西，因此，我们需要建立一个责任体系，由此为个体学习者以及整个小组提供信息反馈。在学生完成小组任务后，教师通常会分别给个人和小组打分。责任体系的关键在于，小组成员都非常清楚他们每个人都会分别得到一个分数，并且都是评估过程的参与者，每位小组成员可能会对自己的表现和其他成员的工作给出反馈。两位约翰逊老师还建议，指定一名小组"检查员"来要求每位成员对小组的工作情况和各方的反馈做出说明。

课堂上 扎诺皮斯老师让学生自己负责小组内部的互动和个人的学习，学生所得到的小组分数基于该组在全班讨论中的表现。扎诺皮斯老师还旁观了各小组的"立方体"活动，并对每组的个人表现做了评定。她记录下了学生的参与情况和专注度，还听取每位成员就自己对小组的贡献所做的陈述。她时而会对小组讨论的组长这样说，"我非常喜欢……的观点，你能在列出的讨论要点后面写下她的名字缩写吗？"

她把听到的错误观点和不正确的假设也记录为学生谈话内容的一部分，这样的监督工作可以让她在某个小组被讨论问题难住了的时候知道问题出在哪里。

除此以外，扎诺皮斯老师还给学生布置了独立的写作任务，这也是评估内容之一。这一单元的主题要点，包括《淘金热》在内，是区分愿望和理想的不同之处，而还有一部分学生读了这个单元另一文本——1994年艾尔玛·弗洛尔·艾达的叙事文《金币》。她使用了学生从《淘金热》和那篇叙事文中所学到有关愿望和理想的相关知识，要求学生每个人都从正反两方面写一写梦想成真的结果。

有意培养人际和小组交流技巧

小组合作学习应该提升人际和小组交流技巧的使用频率，这些都是实用性技巧，深受使用者的推崇，这其中包含了以积极的态度解决矛盾的能力，进行有效交流的能力和巧妙地借助他人的优势解决问题的能力。虽然还年幼，但在使用了高效小组合作学习的课堂上，学生每天都在学习如何通过组织和协调让大家齐心协力,并习得以结果为导向的前瞻性眼光,而这些会让他们终生受益。

这些真正有价值的技巧可以直接教给学生,也可以通过辅助性课程对学生进行训练。在注重使用这一方法的课堂上,学生学习如何为他人提供帮助("需要我帮助你找到那一章吗"),知道如何接受这样的帮助("是的,你能帮我一下吗")。学习者还需要知道什么时候以及怎样从他人那里获取帮助("我不太明白这一点,你能解释一下吗")。还有一种常被忽视但却非常重要的技巧,就是优雅地婉拒别人("我想再自己试一试,但还是非常感谢你愿意帮我")。练习人际交流技巧的核心就是要记住:事实上我们所有人都在不同时间扮演不同的角色,有时是帮助的给予者,有时是接受者,要想收获高效的结果,彼此互相帮助是十分必要的。

课堂上 因为扎诺皮斯老师的学生经常使用"立方体"活动,在一年的时间里,她见证了每位学生在人际交流技巧上的进步,尤其让她觉得欣慰的是,这些技巧在那些比较安静的学生身上实践了很多次后,竟也产生了明显的效果。她常看到,虽然那些学生在开始时不太情愿去主动帮助别人,但一年以后,他们会自然而然地去帮助别人。有些情况下鼓励学生竭尽全力,是为了培养他们的自信心,但有时,也需要学生能够更敏锐地察觉自己的需求,判断是否应该寻求他人的帮助。扎诺皮斯老师注意到"在小组里,较为安静的学生更愿意和他人分享,尤其是对话开始后,思如泉涌时"。

小组经验总结

虽然在所有合作学习中，组内评估是最容易被忽视的一点，但常规的组内评定是后面提升小组工作有效性的关键。教师们常常忘记把这一步纳入到小组合作学习的设计中，而有时候，即便包含了这一步，由于急着完成任务，交作业，或是赶着去上下一节课，学生常常会在评估小组工作时随意敷衍。然而，让小组成员之间就怎样做有用，怎样做没用进行讨论，对于后面能否成功完成任务是至关重要的。这样做并不是问责个人，而是为了弄明白哪些应该改变，哪些可以保留。教育者们知道，学业上进步是一项复杂的任务，需要我们对成功案例和需要改进的部分进行分析。学习者们也需要这样一个机会，去看看自己哪里做得好，以及问题出在哪里。

课堂上 扎诺皮斯老师会定期从学生那里收集反馈，了解他们在"立方体"活动中都起到了哪些作用。她还要求学生讨论什么工作比较容易，什么工作相对来说比较难，同时想一想他们是怎样对这一过程做出自己那部分贡献的。除此以外，她还引导课堂讨论，收集证明学生做出了积极贡献的事实。学生还会对组员所实现的重要突破做出说明，让小组活动摆脱困境，或是讲述组外同学如何给他们提供帮助，在小组活动的某一方面起到了引领作用。扎诺皮斯老师评论道："合作性的工作让参与者有机会在所有理解层面理清自己的思路。"回顾"立方体"活动，她的一位学生对高效小组活动的益处这样总结道："我喜欢小组合作——我觉得自己更聪明了！"

小组任务要有意义

对于两位约翰逊老师提出的合作学习五原则，我们还要加上第六条：有意义的任务。高效小组合作学习的任务必须能够提供一个挑战，一个需要运用到所有合作学习原则才能解决的问题。那么，为什么一个倍感压力的任务才能够促成更好的小组活动呢？因为，正是竭尽全力解决问题的需要才会促使学生彼此依赖。当小组共同面对一项很难的工作时，才能萌发和彰显合作精神。

这里举个日常例子：如何进入到车流中。你在高速路上遇到了堵车，一个车道马上就排到头了，很多车都在试图找到机会挤进去，这种情况下你有可能成为所谓的"等候者"或者是"插队者"。等候者会耐心等待，直到轮到自己，他们尤其不会允许那些粗鲁的插队者进入车道。而插队者，只要有空间就会插到前面，完全忽视车队。那么，我们该怎么解决这个问题呢？

因为我们所有人都明白或者经历过插队的后果——交通事故、鸣笛或者路怒，所以我们会主动和他人合作，进而避免以上后果。可是，在交通顺畅的时候，我们却很难注意到同路的司机。在马上就要进入车流中的时候，我们才会开始注意到他们，并与之合作，在关注路况的情况下或适度刹车或小幅加速，保证每个人都进入到车流中，所有人都能前行。学生也需要预见到失败的可能性，只有这样才能够注意到其他人，关注别人都在做什么，并努力去思考他们需要怎样合作才能成功。如果能够轻而易举地取得成功，那么学生便不大可能从任务中学到东西。

　　这里你也许会想起来，在前言部分我们提到，只有当学生准备好面临挑战时，合作学习才会出现；在设定了目标并做了示范后，条件就已经成熟，学生就可以进行实践了。如果过早地进入指导环节，学生有可能会放弃，但是如果时机掌控得好，学生便会专注地依靠自己解决问题。虽然说教师要在学习者身边随时提供帮助，但适度延迟给出提示、问题或暗示，让学生自己试着去解决问题，也是可以接受的。事实上，用以提升效率的失败体验是高效小组学习的必要组成部分，对于其重要性已经有了大量的研究。当教师把小组任务设定到一定难度，但又不是不可能完成的，学习者事实上会超长发挥，比那些轻而易举完成任务的小组，表现得要更为出色。小组确实需要一个他们可能无法答对的问题，一次失败的体验，或者一个错误的结论。

　　课堂上　想一想特丽萨·扎诺皮斯作为一名有着强大自信心的教育者是如何设计高效小组活动的。她深知学生需要时间与困难做斗争，并且需要冒着失败的风险，因此，她有意设计具有挑战性的任务。对于她的"立方体"问题（"你觉得是迅速致富好，还是坚持一种程缓慢但更安全的方法赚钱好？为什么？"），学生是不可能敷衍了事的。同时，对于这类问题，学生也不可能给出同样的答案，所以他们要进行比较、辩论，这才是小组讨论！虽然她也监督小组进展状况，但会有策略地延迟使用提示、问题和暗示，让学生自己理清思路。她还解释道，她时刻记得"给学生机会，让他们构建问题的意义，而不是急于告诉他们问题到底要他们回答什么"。换言之，她认识到可能发生的失败也可以提高学习效率，这是因为她对合作学习过程的有效性深信不疑，并且知道，通过逐步释放的责任，学生能够学到更多的东西。"对我而言，"她说，"没有比学生依靠自己并且从同学那里学到东西更好的学习方式了。"

小组合作学习与学生能力划分

在高效小组学习过程中，由于任务具有难度，教师们可能会无意识地对学生的能力进行划分，请抵制这一冲动。正如我们在前言中说明的，团队的智慧总会超越个人的智慧。在指导阶段需要对学生有所区分，但在这一过程中，同伴之间也会给予对方支持和帮助，这些不是个人任务。想想看，高效小组学习是众多不同的课堂体验中的关键一步。

参与此次项目的教师

在这本书中，我们将关注不同的课堂教学，看看教师们是如何把合作学习的要素融合到一起并提高小组效率的。同时，在每个章节的最后，我们都将介绍三位教师的课堂。在这里，我们先来认识一下阿伊达·艾伦、凯西·伏戈尔和布莱恩·吉布斯。

阿伊达·艾伦是加利福尼亚州圣地亚哥的小学教师，她有幸从事只有前几个世纪的教育者才有机会常常做的事——从幼儿园到五年级，她所教的学生都是固定的。所有的学生都把西班牙语作为第一语言，同时注册了双语课程，该课程的设计目的是构建学生的西班牙语和英语的读写能力。在后面的章节中,你将看到艾伦老师是如何使用合作学习来构建学生的社会语言能力和学术语言能力的。

凯西·伏戈尔是密歇根诺斯维尤中学七年级的英语和社会研究教师,虽然这些住在城郊社区的学生是英语母语使用者,但仍然需要在高效小组活动中接受口头和书写训练。在后面的五个章节中,你将读到伏戈尔老师的学生为了加深对世界要闻的理解,共同完成的创新性研究项目。

布莱恩·吉布斯在加利福尼亚州洛杉矶的高中教社会研究,其所在的中学是全美规模最大的高中之一。虽然班级人数常常超过40人,但吉布斯老师仍然使用小组合作学习来设计课堂教学,这样学生对于历史的理解会定期通过重新演绎历史事件、人物和文化展现出来。

我们希望通过观察以上教师的课堂,让读者了解合作学习的过程,并展现高效小组合作学习的巨大潜能:看到你的学生在社交和学业方面都学到了什么,以及在这一学习过程中你能够如何帮助他们。

第二章
建立小组成员积极的相互依存关系

"众人拾柴火焰高。"高效小组活动具有的一个关键性特征,就是两位约翰逊老师所谓的积极的相互依存。事实上,积极的相互依存被许多人认为是合作性的小组活动中最具决定意义的特质,也是最重要的组成部分。

积极的相互依存一旦形成,学生便会认识到,他们个人的成功与小组其他成员的成功是密不可分的,而只有当小组任务难度达到了仅靠分割任务然后独立工作无法完成的时候,学生才能真正领悟到这一点。任务结构必须要求每位成员都贡献一己之力,学生认识到,要完成共同目标,每位成员都是不可或缺的,他们既要依靠其他组员,同时也对其负有责任,只有在这时候,小组合作学习的条件才算成熟。

学生能够从自身学到什么

所有人都想做出独特的贡献,成为重要角色,得到他人的重视,学生也不例外。如果小组活动设计融入了相互依存的理念，以上需求得到满足，那么在由此产生的积极氛围下，学生便开始学习之旅了。正如前文所述，高效的小组合作学习最终还是关乎结果的。然而，我们要铭记的是，结果不仅仅是完成任务那么简单。学生误以为老师唯一在乎的就是工作完成与否，却错过了只有在过程中才能发生的学习体验。那些错误地把完成任务和没完成任务对立起来的老师们，忽视了在和他人共同工作的过程在学习者的大脑所发生的一些细微变化。

在合作学习过程中，两种学习类型之间总是存在着一种冲突关系。赫尔斯·基勒齐 、基勒齐和多尼吉恩把这两种学习描述为过程学习和内容学习。学生对自己提出的过程性问题包括：

- 我是谁？
- 和你们在一起的我又是谁？
- 我们在一起又是谁？

他们提出的内容性问题包括：

- 我们必须做什么？
- 为了完成目标我们需要做什么？

在寻找内容性问题答案的过程中，学生是在利用这个机会巩固知识，而在解决过程性问题时，他们对作为学习者和团队成员的自己有了一定的理解。诚然，高效小组合作学习的一个重要结果就是学习者会获得更为宏观的元认知意识——自己了解自己是如何以及何时习得新知识和能力的。

做到这一点的关键是,学生对于自身的理解要非常明确。如果他们不是小组目标的贡献者,对于作为学习者的自己便不会有任何积极的构想。如果学生意识到他们并没有完全地参与到小组活动中,他们的自我暗示便可能变为消极的"我做不到,我太笨了",对于失败和尴尬的恐惧随后便会潜入到学习过程中来,还会形成一种无形的障碍。作为教师的我们看不到这些障碍,而我们的学生常常也不能或者不愿说出来究竟是什么阻碍了他们。

积极的相互依存有益学习

许多教师都知道情感过滤假说,这一假说认为某些情感可以作为学习过程的过滤器。消极的情绪,如恐惧和尴尬,会干扰学习者加工信息的能力。与生理学上面对威胁时或战或逃的心理反应相似,在心理学上,学生在学习过程中经历了消极情绪后,或准备逃跑或完全呆住。虽然学习仍在进行,但所有的焦点都聚集到了威胁本身。与之形成鲜明对比的是,学生在经历了积极情绪之后,对于学习信息的处理效率更高,同时学习状态也得到了提升。

正在进行的神经科学研究也支持情绪影响学习的假说,当前对大脑杏仁核(位于人类大脑颞叶深处的一对杏仁核形状的神经丛)的研究表明,其主要功能是处理在情感事件中(尤其是恐惧和奖励)发生的学习活动,这些记忆随后会在工作(短时)记忆的基础上得到加强,进而成为长期(永久性)记忆,在学习过程中最重要的恰恰是杏仁核的路径功能。虽然丘脑才是大脑各部分的感官路径,但杏仁核也同样处理情感负载事件。

我们可以把杏仁核想象为一幢繁忙的办公大楼（大脑）的旋转门，每天人流进进出出这幢楼，根据公事的性质走到不同的楼层。然而，这个旋转门却很特别，因为它装了安检系统，警惕地监控任何有潜在威胁的迹象。旋转门如果感知到危险，会立刻关闭，暂时阻止人流通过。同时旋转门的安检系统会搜集数据，以便今后辨识相似的威胁，制作一个"通缉令"提醒自己不要再次被欺骗。同样，旋转门的安检系统也会给予走近入口的大人物以优先权。这里我们暂称大楼主人的名字是李沃德先生，只要发现李沃德先生沿着人行道走过来，旋转门就要确保他快速进入大楼，并且乘坐电梯直达目的地。李沃德先生所经路径已经提前清理好，他可以无障碍地抵达大楼的任何区域。

被感知到的威胁会干扰学习活动，这是因为注意力和记忆会变成消极的刺激物。因而，在设计小组学习活动时，要建立积极的相互依存关系，减少威胁并要增加回报感。当进行小组活动时，如果学生对过程问题"我是谁"和"和你们在一起时我是谁"的回答是"我是一名贡献者，我们是一个团队"的话，他们的恐惧感便会降低。当学生对于内容性问题"我们必须做什么"的回答是"我们正在想该做什么，我们在进步"时，学习的通道便会开启。这里需要注意的是，回报不一定是外在的（比如，分数或者奖励），当体验了向着既定目标越来越近时的感受，学习者便会获得内在的回报。

只有当学生认识到他们能够相互依赖并学习复杂的东西时，高效小组活动才能开启学习的大门。教师们可以通过设定需要具有共同目标、共同结果以及有回报的小组任务,来培养积极的相互依存感。当一组学习者设定目标,并在社交、情感和学业上都有所收获,最终共同体验了成功的快感时,团队精神便油然而生了。

建立积极相互依存的方法

高效小组合作学习最大的益处之一就是,让学生和教师能够有用武之地。在学习者之间自然存在的多样性常常促使他们彼此依赖,互相帮助。划分小组时,内部成员的差异性越大,构建相互依存关系似乎就越有挑战:每个学生都在某些方面更擅长,在其他方面却不太娴熟。然而,这些区别不一定就会成为障碍,反而会在学习时对彼此更加有利。

当然,学生需要帮助彼此发现每个人的价值。积极的相互依存不会自然而然发生,教师必须建立和落实一些规则,增进小组成员的人际关系,使之能够鼓励学习而不是阻碍学习。我们发现了对于建立小组合作学习中积极的相互依存关系非常有效的三种指导方法:创建不同的学习体验、使用切块拼接法和由学生主导的交互式学习。

创造不同的学习体验

确保每位小组成员都能做出独一无二且有价值的贡献,一个办法就是给每个人分派不同的任务。卡伦·奥皮利在密歇根州诺斯维尤市东奥克维尤小学教一个一二年级的混合班,她常常在她的课上构建不同的学习体验,最大程度地开发高效小组合作学习的效用,把水平不同的学生放在一个由多年龄学习者组成的学习情境下。例如,她会让一年级学生在教室里待上一整天，而让二年级学生去临近小镇的雕塑公园实地考察。第二天，整个班级会进行混合分组（一个一年级学生和一个二年级学生一组），让学生通过讨论、画画和写作的方式来比较他们前一天的学习经验。因为小组里的每位成员都有着另一个人不具备的信息，所以要想完成任务，他们必须针对发生的事件进行实质性的对话。随着讨论的进行，每组都画出了韦恩图来表示他们经验的相似点和不同点。比如，娜塔莉和卡伦都认为他们"享受了一顿香喷喷的午餐"，并且"希望能够再吃一顿那样的午餐"。艾什莉和佐伊写道："两个人都想在室外上课。"随后各小组用共同创建的图形作为写作的基础材料，每组学生都合作写了2~3段话，讲述他们是如何度过那一天的。

在小组活动进行的过程中，奥皮利老师给出指导性的建议，同时搜集了评估材料。"通过听他们讨论，观察他们如何进行合作，我可以评估他们的理解情况，"后来她这样总结道，"显而易见，学习之所以能够发生，是因为学生在通过对比进行写作，并且建议了老师还可以进行哪些活动，为类似的写作提供材料。"

分配任务的切块拼接法

切块拼接法是用以提升相互依存关系的常用方法，在使用这种方法时，教师要把一项复杂的学习任务分配给小组成员。每名学生都同时是两个小组的成员：常规小组，其主要任务是学习知识和完成复杂的任务；专家组，每个常规小组出一名代表构成专家组。学生在常规小组中共同讨论所有的学习目标，然后，每组一名成员进入专家组就具体的内容进行集中讨论。在掌握了专家组讨论的内容后，所有成员都回到常规小组，把他们所得到的要点讲解给其余成员听（见图2.1）。

因为常规小组的成功决定于每位成员的专业知识，所以，确保所有学生都能充分学习材料并最大限度地分享信息是很重要的。教师对于专家组的监督非常关键，尤其是在这个班级第一次接触这样的学习过程的时候。这里，确定学生是否掌握知识这一步骤本身的难度就非

图2.1 切块拼接法：常规小组与专家组

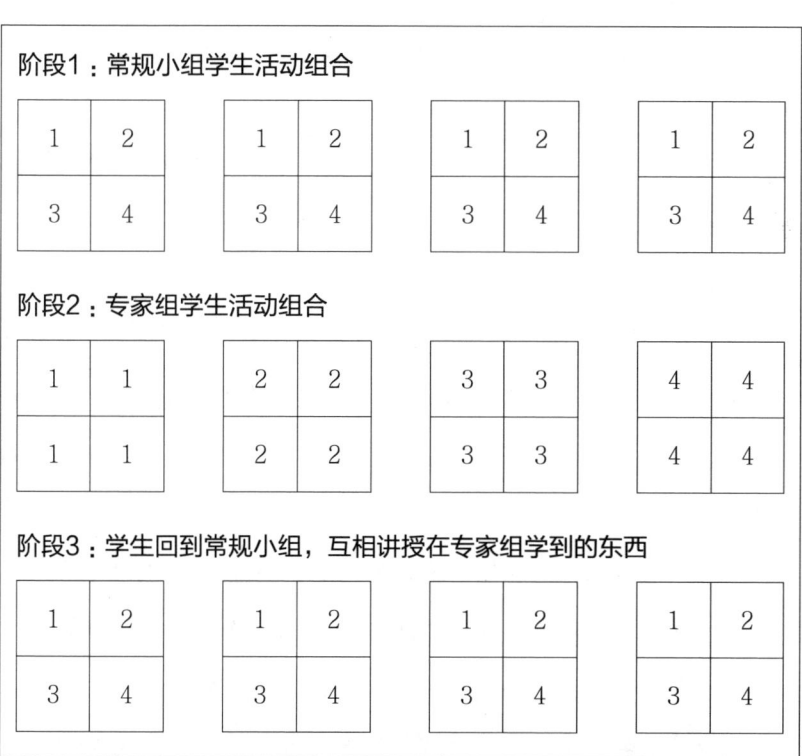

常大，因为学生的各方面基础原本就参差不齐。一方面，学习水平在年级要求水平之下的学生可能需要更长的时间才能理解材料。另一方面，对某一主题已经很精通的学生可能会对其他组员表现得不耐烦。这种情况下，如果让知识更丰富的学生成为小组长，让他们协调整个进程，也许会有些助益。需要让学生认识到，实践是学习的必要组成部分，他们可以实践，也必须实践。在学生离开专家组回到常规小组前，教师还要检查每位学生所学内容的准确性和完整性。当具有不同能力水平的学生在切块拼接法的教学中觉得得到了很有益的支持和帮助时，其能动性也会得到很大的提升。

切块拼接法的发明者是心理学家艾略特·阿伦森，在他提出切块拼接法时还带有另一个目的。在他的书中《再无人可恨》(*Nobody Left to Hate*) 中，阿伦森描述了在1971年他和他的研究生是如何设计出拼图教室，并以此来消除出现在得克萨斯州奥斯汀市的种族之间的紧张关系的，他因此成为这一地区废止种族隔离的第一人。他们分配给学习者们非常复杂的任务，需要彼此相互帮助才能顺利完成。他描述了小组成员对一位名为卡洛斯的小男孩的态度转变过程，卡洛斯在常规小组里学习英语，刚刚在专家组里了解了关于埃莉诺·罗斯福的信息：

> 我的一位研究助理观察了该小组的讨论活动，听到卡洛斯所在小组的有些成员这样说："嘿，你不知道吗？你就是一个呆子，很蠢。"……我的助理并没有告诫他们"要友好"或者"学会合作"，而是做了简短而有力的陈述："那样对卡

洛斯说话，你们也许觉得很有趣，但如果你们想要了解埃莉诺·罗斯福，那就没有什么帮助了……而且还有十五分钟就考试了。"

阿伦森继续解释道："卡洛斯的组员逐渐意识到，他们需要改变策略了。让卡洛斯紧张不安对他们没有任何好处，他不是他们的敌人——他是队里的一员。"

虽然今天大多数课堂不再像1971年那样有着同样戏剧化的紧张关系，但是边缘化同学的行为仍然会频频出现，而这会对学习产生很深远的负面影响。这样说并不是要求大家一定要成为朋友，重点在于，当学生明白他们需要彼此时，才能开始欣赏别人身上的优点。

相互依存对于社会也有着不可估量的长远益处。人们能够高效率地与他人合作，对于成人而言，是预测其能否继续被雇用的标准。一项针对超过10000名高中生在毕业后10年进行的纵向跟踪研究表明，那些在学校在人际交往能力方面老师给出更高分的学生，相比那些社交技能较差的学生，学历更高，年薪也更高，即便不考虑其认知能力结果也是这样。

这里值得一提的是，切块拼接法下的常规小组活动表现了多学科学习活动的特性，进而成为许多专业领域的里程碑，这些领域包括医学、法律、教育和商业。为了实现一个复杂的目标，我们所有人总会时不时地被聚集在一起，我们的组员也是经过挑选的，这是因为每位成员对于某一问题的具体方面都有着独特的认识。这样，一个人是无法单独提出解决方案的，解决方案被认为产生于整个小组的互动。课堂上和成人世界的工作场合一样，当所有成员共同寻求解决方案时，切块拼接法便既提升了个人的专业技能，也增强了相互依存的关系。

引导学生主导的交互式学习

教师激发积极的相互依存关系的另一个途径是交互式教学，换言之，就是在思考某一问题的时候，让小组成员承担起具体的角色。作为工作的成年人，每次聚到一起计划如何完成一项任务时，我们都是在进行交互式学习。在对任务进行分析之后，我们就要讨论必须做什么，并且想清楚谁来负责哪些工作。交互式学习也同样要求学生为了实现与任务相关的目标进行合作，通过合作，他们会明白，有时对同一件事物会有几种不同的说法，对于同一个问题也会有许多正确的答案。

这种互动式的教学过程，也就是所谓的交互式教学，常被使用在把阅读理解作为重点的小组活动中。小组任务就是实现对文章的理解，教师会根据特定的理解策略给四位组员中的每个人分配不同的任务，这些策略包括：生成问题，总结内容，明确要点，以及对作者下文要讨论的内容进行预测。小组讨论的前提是每位成员都为已分配角色付出努力。为了让整个小组构建出一个意义体系，每位成员都要参与进来，事实上，也需要参与到小组合作学习中来。这时，同学们也许会发现任务卡片很有用，可以用这种卡片来提示如何完成在讨论中的角色。下面就是几个这种角色提示的例子：

提问者

1. 提出一个可以在文本中找到答案的问题（答案就在文本中的问题，或者需要思考和寻找才知道答案的问题）。

2. 提出一个意见性问题：你赞同吗？你怎么看？

3. 给你的组员看一下你是在哪里找到答案的。

明确问题者

1. 询问是否某个人被一个单词或一种想法难住了。

2. 用各种现有资源帮助组员，建议在此之前，自己再读一遍。

3. 如果有人被某个单词难住了，查一下词典或字典。

4. 如果以上方法都没用，向老师寻求帮助。

预测者

1. 告诉你的组员，你觉得作者下文会说些什么？

2. 展示给组员你在篇章中注意到的线索。

总结者

1. 告诉你的组员这篇文章的主要思想和重要论据。

2. 确保总结不要过长，至少不要比原文本长。

教学相长对于教学实践来说非常关键，更是教师要塑造的重要课堂学习模式。最开始，教师向学生展示如何运用每种理解策略。在理解篇章时，教师可以使用独白的方法把他们的思想明确地表达出来，这种做法非常有效。比如，教师大声朗读一段篇章，然后讨论阅读时出现的问题，用这种方法说明，所有读者在阅读过程中都会提出自己的问题。随后，学生将轮流承担起教师的角色，引导整个小组就文本内容进行讨论，经过一段时间学生便学会了如何在小组合作学习中进行交互式学习。具体角色可以由教师分配，也可以由各小组自行分配。根据我们的经验，随着小组成员越来越适应讨论流程，他们会更愿意承担起不同的角色，健全的阅读理解模式和监督策略也会由此得到强化与巩固。

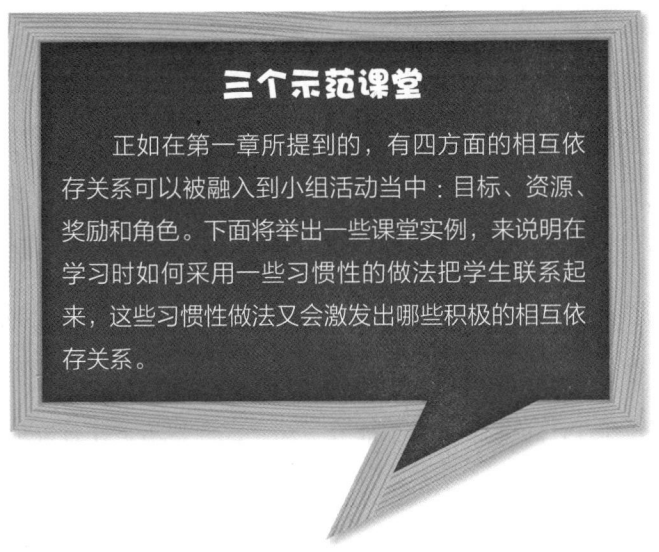

三个示范课堂

正如在第一章所提到的,有四方面的相互依存关系可以被融入到小组活动当中:目标、资源、奖励和角色。下面将举出一些课堂实例,来说明在学习时如何采用一些习惯性的做法把学生联系起来,这些习惯性做法又会激发出哪些积极的相互依存关系。

小学科学课·艾伦老师

也许你还记得阿伊达·艾伦老师,从幼儿园到五年级她所教的学生都是固定的。当这批学生升到四年级时,她向学生介绍了交互式学习。连续几个星期,这些学生一直在学习在阅读理解小组中使用的各种策略性角色。例如,艾伦老师会在面向全班的示范中,让自己塑造某一角色,比如明确问题的角色,随后提出指导性的阅读建议,进一步完善学生的阅读技巧。随着学生对策略性角色越来越擅长,艾伦老师便开始尝试把不同的角色结合起来,进而塑造学生不断推进讨论的能力。在学生已经掌握了如何生成问题以及如何总结后,艾伦老师让他们通过阅读一个短篇把这两种技巧联系起来。"那是一篇关于锻炼耐力的文章,"她说,"我想要他们越来越习惯依靠自己的力量完成更多的事。"

就这样练习了几个星期,艾伦老师感觉到,这些学生已经准备好以小组的形式来应对交互式学习了。一天,在科学课上,她把学生分为四组,让每个成员承担一个角色:提问者、明确问题者、总结者和预测者。四组学生都拿到了一篇关于腐生物的文章,与之相关的补充材料可以在科学课本上找到。艾伦老师把这篇文章分为若干部分,学生知道他们每读完一部分就要进行讨论。为了避免学生被问题难住,她还在每个小组的桌子上放了任务卡片,上面列举了针对每一个角色的提示问题。

以下是其中一组的讨论情况:

蒂诺:好,我先来。因为我是总结者,所以应该由我来说一下文本主旨。是这样的,主要内容是当动植物死亡后,它们会被分解,也就是说,它们会被某些东西吃掉,变成泥土,而那些吃掉它们的东西是细菌、真菌和蚯蚓。

米利亚姆:我负责问问题,蚯蚓是分解动物的还是分解植物的?

蒂诺:动物和植物都吃。

米利亚姆:正确!就在这里(指着文本):"蚯蚓分解死亡的动物和植物。"

阿德里亚娜:米利亚姆,再问得难一点。

米利亚姆:好吧,如果没有腐生物,你觉得会发生什么事?

这个问题激起了热烈的讨论，一直持续了几分钟，小组成员辩论如果所有死亡了的东西都还以原来的形式存在，地球将会是什么样。他们之前从未想过这个问题，能够对普遍的生存环境和周围都是动植物尸体的糟糕场景进行假想，真是有趣极了。这一设想促使罗梅尔——明确问题者，提出了自己的问题：

罗梅尔：这我就不太明白了，所有死亡了的生物怎么能变成泥土？那我们不是被一堆堆泥土给埋住了吗？

蒂诺：你是明确问题者，怎样找到答案呢？

蒂诺看了看角色卡片，认为这个问题需要请教老师。于是，他们把老师叫过来，告诉她罗梅尔提出的问题。她请学生自己去读一下后面的内容，看能否找到答案。

阿德里亚娜：哦，那是我的工作，我都忘了！也许我们想到的，作者也想到了。在第三段末尾，"腐生物是生物链中重要的一环，因为没有它们就没有植物，没有植物，其他生物也不会存在。"

随着小组讨论的深化，他们发现腐生物在能量传递方面发挥了重要的作用。

这一高效小组活动展示了两方面的相互依存关系：角色上的相互依存和目标上的相互依存。每名学生都明白了自己的角色且在完成任务上发挥了独特的作用，为了实现理解文本这一小组目标，每位学生都必须贡献自己的力量。在理解文本和自省的过程中，小组成员还了解了其他人的想法，这就是艾伦老师的学生最开始尝试交互式教学的体验。在让学生做获取信息的阅读时,以上策略已经成了艾伦老师在课堂上的惯用做法。

中学人文课·伏戈尔老师

在凯西·伏戈尔的七年级人文课上,学生正在研究东半球的国家,这是将历时一年的世界文化研究的一部分。伏戈尔老师知道,对于这一层次的学生,应该要求他们策划,并给出有主旨且信息连贯性强的课堂展示。为了让学生的研究达到这一标准,她给学生分配了一项任务,要求他们必须合作写作,并模仿电视节目《拉里·金脱口秀》做一次采访。

首先,全班观看并分析了几组电视节目片段,共同判断一个有感染力的采访所具备的元素,然后针对自己的项目进行选题。伏戈尔老师随后和一名学生根据她事先写好的内容做了一次采访示范,由此为学生提供范本。根据写好的采访稿,她采访了来自哈萨克斯坦的田吉兹油田和炼油厂的代表,由此彰显这个国家的自然资源特色和经济特征。"我意识到构建有意义的采访问题是多么的重要,"伏戈尔老师评论道,"向学生展示如何决定该问什么这一点尤其重要。"

通过模仿访谈节目做示范课,其设计宗旨是向学生展示她是如何利用背景知识和对任务的理解来和合作伙伴分享她的想法的。虽然这一项目在整体上有助于塑造积极的相互依存关系(访谈的策划与呈现),但是伏戈尔老师仍能确保每个学生都对自己设计的文本负责。她在项目的文本设计和写作阶段到每组进行指导和观摩,并对每一位成员将在访谈中表述的观点进行了讨论。与此同时，她还根据每位学生在访谈中扮演的角色所提供的信息质量，给学生个人打分。伏戈尔老师的作用贯穿整个项目进程的始终，由此确保了每位小组成员都为整个进程做出自己的贡献。

在项目进行过程中，小组成员进行头脑风暴，列举出一系列与被指定地区相关联的人物、议题和事件。埃里克和戴夫被要求研究的地区是以色列，他们选择对来自以色列政府的一位代表就当前的地区矛盾进行访谈。他们编辑的访谈首先讨论了二战之后以色列这个国家是如何建立起来的，并确定了当代矛盾的起因是什么。在访谈中，有这样一段对话：

埃里克（扮演拉里·金）：地区矛盾一直以来已经很长时间了，那么你认为矛盾什么时候能结束？

戴夫（扮演以色列政府官员）：好吧，作为一名教徒，我认为，只有当双方遭受了更大的损失，并且意识到他们不能再为仇恨付出代价时，冲突才会结束。这将需要耗费武力，发生很多政治事件，而这一切远远不是一个人的力量所能实现的。

埃里克：中东地区冲突这样持续下去，会造成怎样的影响？

戴夫：数以千计有智慧的人，本来可以为这个世界贡献价值，却由于这一冲突死于非命。

小组成员通过合作进行研究、创作、排练并最终展示他们的访谈，这一过程培养了强大的积极的相互依存关系。因为表演成功了，小组成员就会拥有很多利益，所以成员之间会互相帮助对方理解掌握材料和相关概念。

高中社会研究课·吉布斯老师

在布莱恩·吉布斯的美国历史课上，每一个单元的学习都要求学习小组通过对每一位人物进行人格分析和参加小组讨论来研究历史人物。比如，在学习10位冷战时期的美国总统这个单元时，一开始，老师便给每个小组分配了一位总统，并挑战学生成为那位总统的生平和执政研究的专家。在随后的几周里，各小组都对要研究的那位总统有了一定的了解，比如他是如何保证美国安全的，他的性格特征和执政风格，做过哪些重要的选择和决定，以及他执政期间的历史情境。每位小组成员都拿到了一份事先准备好的装着不同研究材料的文件袋，包括重要的原文件、书的摘要和与所研究的总统相关的文章。这种做法创造了资源上的相互依存关系，因为学生必须要研究自己的文件，然后把整合好的资料展示给其他小组成员。要对某位总统有一个整体的认识，每位小组成员的输入对于整个小组来说都是必要的。

不仅仅局限于对指定总统进行深入的研究，每个小组还需要对其他冷战时期的总统做简要的性格分析，而这些分析是根据从其他资源和活动中搜集到的信息所做出的判断。"走过去，说出来"活动就是建立积极相互依存关系的一个非常好的例子，学生创建了一个汇总表格，然后填上每一位总统的信息，比如，总统生平的重要事件，在特定领域（例如，公民权利）做出的重要贡献，在执政期间面对的主要问题和批评，以上信息来自他们所在的专家小组以外的同学。其实，从本质上而言，这种小组活动就是，一名学生去找另一名学生，然后进入这样一个行为过程，"你告诉我你研究的总统，我告诉你我研究的总统。"吉布斯老师在听取了学生的对话后，便能清楚地了解到，哪些内容是学生已经知道了的，哪些内容他们还不知道。学生完成了某位总统的信息表格后，由此开始了下一步焦点阅读，为针对每位总统的性格分析做准备。

在这一单元即将结束时，每个学习小组都在性格分析研讨会上展示了自己的研究结果，并回答班级其他同学提出的问题，由此展现了他们的学习成果。和吉布斯老师所有的性格研讨会一样，这个研讨会也是由学生主导的，他只在必要的情况下才过来协助学生。

各小组在为研讨会做准备时，一同阅读材料，向彼此提问题，针对可能出现的问题设计出答案。每位小组成员都必须掌握内容，并准备好回答问题。小组成员同时还要负责设计出与其他9位总统相关的高质量的问题，要求每位成员针对一位总统至少提出两个问题。这种研讨会的形式建立了目标上的相互依存关系，这是因为小组内部成员和各小组彼此间会促使对方对所要研究的总统进行分析、评估并为其辩护。评估小组表现时，主要看每位成员对特定总统的信息掌握情况和理解程度，以及对其他组员提出问题的质量。

因为个人和小组的表现都要接受评估，所以学生也就体验了有回报的相互依存关系。小组评定的标准包括性格分析的透彻性，讨论会上回答的准确性，所提出问题的质量，小组内部各成员所做贡献的平衡性。因为吉布斯先在一年间参加了大量的性格研讨会，所以这个评估标准还可以用来衡量学生在整个学习阶段的成长和进步情况。

第三章
增加学生面对面的互动

在伯恩特·卡普拉1990年拍摄的电影《心灵之旅》中,一位政治家、一位诗人和一位杰出的物理学家在法国的圣米歇尔山邂逅,并进行了一次谈话,正是这次谈话改变了他们对于时间、哲学和生命的意义的看法。这部电影取材于弗里特乔夫·卡普拉的著作《转折点》,跟随那些受过高等教育、博览群书的人物,寻找他们在书里或自己身上找不到的东西。他们只有通过挑战和汲取彼此的知识,才能发现新的思想疆域。虽然作为教育者我们绝对不赞同完全摒弃书本,但我们一致认为对话能够更深刻地挖掘我们对这个世界的认识。交流的目的,说到底还是传达和获取意义。

教师们深知并很能体会学生面对面坐着交流思想的重要性和价值所在,事实上,对于我们许多人来说,看到学生努力思考,挑战彼此,最终形成共识(或者认同彼此不同的观点),是我们一天、一个星期甚至一个月里面最让人兴奋的时刻。现场观看这些"学习交互"是一种福利，这一点几乎没有哪位专职教师不知道，因此我们有责任给学生提供机会，让他们进行面对面的互动。虽然这个世界给学生提供了一系列越来越多的让他们能够与世隔绝的技术，但也越来越需要能够以团队形式进行协作的雇员。对于学生而言，与他人一同学习和解决问题的最好的学习机会，就是在课堂上。

学生进行面对面的互动，才有机会在学业上和个人发展上为彼此提供帮助。当学生积极地投入并帮助组员学习时，他们也练习了实现有效学习小组所要具备的部分技巧。当人与人之间的互助与学业上的互助结合起来时，我们称之为"促进交互"。

虽然老师们也帮助学生学习，但学生小组之间的互动能够深化学生对于自身的理解。有研究对比了八年级科学课上由老师领导的小组讨论活动和学生主导的小组讨论活动，发现当有老师在一旁协助时，学生之间更容易达成概念上的共识，而在学生主导的讨论中，会有更多元认知上的陈述和问题。重要的是，学生主导的小组活动与教师协助的小组活动相比在概念认知上确实也达到了与之同样的水平。而与之不同的是，学生面对面进行谈话的过程可以使他们对于如何学习有了更多的领悟。

这里你也许会问，为什么在学生互动中面对面的交流这么重要。难道学生不能通过在线发邮件或发评论来延伸和帮助对方的学习吗？对此，我们的答案是：可以，的确有一些新技术对交流起到了促进作用，我们在教学和小组活动中也使用了这些技术。例如，道格和南希就在高中和大学的教学中广泛地使用了在线平台来鼓励学生进行在线交流，这些讨论不是同步进行的，这就意味着学习者可以在一天甚至晚上的任何时间对他人的想法和问题做出回复。下面我们用评价量规（见图3.1）来设定我们对参与论坛的预期，并指导形成性评价。这个评价量规所提供的质量标准，与有效的面对面互动所需要的因素相对应。我们还用推特来给学生发送提醒和更新信息，学生定期用推特和对方共通。

然而，我们还是要想一想，通过书写媒介进行互动是不是缺少了什么——我们从他人那里接收到的所有信息都是非言语交际的。在面对面的对话中，我们不仅仅通过语言内容还通过合作者或小组成员所用的手势、动作和表情来构建意义。想一想你自己用电话与别人交谈的样子吧，在说话和听的时候，你也许在做出某些动作，变换面部表情，即便电话另一端的人看不见，你仍会这样做。发电子邮件的习惯也反映了我们赋予语言以意义的需求，表情符号的使用（那些在电子邮件中使用的笑脸）非常普遍，在发送短信和其他即时信息时，使用图形符号来表示一系列的面部表情。接受非语言信号对于我们理解彼此是很重要的，同时也是学习过程中重要的一步。

通过体验式学习增进学生理解

你有没有发现自己会不停地打哈欠？你正在参加一个教师会议，突然一位同事开始打哈欠。在你发现之前，自己也开始打哈欠了。你也许注意到或回想起来，在需要交流的大学课堂上，人们在和他人谈话时，总会无意识地在说话的同时使用某些动作或肢体语言。你

图3.1 论坛帖子的形成性评价量规

因素	示例	优秀	合格	不合格
小组合作中的个体角色	• 学生频繁地提示就某一话题进行讨论。 • 学生在讨论中起到引导作用。 • 学生积极参与合作学习。 • 学生表现出对集体需求的认识。	• 学生达到了在讨论中衡量个人贡献的既定标准。 • 学生与其他发帖人有互动，并彼此鼓励。	• 学生基本会在截止时间前回复帖子。 • 学生偶尔会多给出一条评论。 • 学生在参与社区活动方面仅做了最低限度的努力。	• 学生在截止日期到了时才回帖。 • 学生并没有付出任何努力参与到学习社区中。
主帖的质量和内容	• 帖子内容包括分析问题和总结要点，展现了学生的批判式思维。 • 除了课程录像或指定的阅读材料，帖子还引用可靠的消息来源来表述观点。	• 帖子和讨论主题相关，同时展现出批判式思维的特征。 • 帖子引用课程录像或指定的阅读材料中的信息来支撑论点。	• 帖子通常会总结并重述讨论话题内容，但并没有显现出高层次的思维技巧。 • 帖子离题，与课程材料没有什么相关性。	• 帖子与指定的讨论话题没有关联。 • 帖子包含没有相关性的语言，与课程视频或指定阅读材料也没有任何关联。

（续表）

因素	示例	优秀	合格	不合格
回帖的质量和内容	• 帖子提供了具体的、有建设性和有帮助的反馈，拓展了大家的思维。 • 帖子鼓励进行持续深入的讨论。 • 帖子提供了其他资源或经验。	• 帖子给大家提供了具体的、有建设性和有帮助的反馈。 • 帖子从课程录像或指定阅读材料中引用资源。 • 帖子证明了学生通过与他人互动进行学习。	• 帖子在给出反馈时，与课程视频或指定的阅读材料有少量或没有关联。 • 帖子证明了学生通过与他人互动进行学习。	• 回帖对主帖内容表示赞同，却没指定视频或阅读材料没有实质性联系。 • 帖子没有体现出学生通过与他人互动进行学习。
书面表述的质量	• 观点与思想的表述清晰、明确、有效，用语标准。 • 引用和参考文献遵照APA格式（《美国心理协会刊物准则》）。	• 使用标准的英语明确阐述观点和思想。 • 引用和使用课程视频和指定阅读材料中的资源作为参考文献时，使用APA格式。	• 表述不清晰，出现各种错误。 • 没有正确地或没有一直使用APA格式。	• 表述语言无法理解。 • 没有使用APA格式。

来源：改编自由瓦尔登大学赖利教育和领导学院教育硕士专业所创立并使用的评价量规，已授权使用。

也能注意到，在本地的聚会中，当人们聊得热火朝天的时候也会手舞足蹈。

这种镜像行为根植于人们大脑的运作机制，也是我们能够进行学习的关键原因。在20世纪80年代，神经学家贾科莫·里佐拉蒂和他的帕尔玛大学的同事们有了一个偶然的新发现。在记录猕猴的大脑活动时，他们注意到，猴子在捡坚果时，某些神经元会发出光亮。然而，让这个研究团队惊讶的是，他们发现，当那只猴子看到研究人员捡拾坚果时，相同的神经元会再次发出光亮。那只猴子看到研究者把捡起的坚果吃了时，大脑中发光的神经元也是猴子自己吃坚果时发光的神经元，研究人员把通过直接经验或通过观看他人有过同样经验被激活的神经元命名为"镜像神经元"。

那么以上陈述和高效小组活动有什么必然联系吗？最新研究表明，镜像神经元也许能够解释人们能够读懂他人的面部表情信号或者肢体语言并且能够体会共鸣的原因。比如，最近的一项研究表明，当被试人群闻到自己讨厌的味道时大脑中被激活的嗅觉神经和看到演员做出同样厌恶味道表情时被激活的是同样的神经元。当看到和模仿不同的面部表情时，有自闭症（这一情况会影响到社交能力）和没有自闭症的儿童的大脑活动的核磁共振仅在一处表现出不同特征：作为部分镜像神经元的大脑区域在患有自闭症的孩子大脑中活动率较低。

虽然不能把孩子等同于猴子，但这一研究对于人类学习所产生的影响却是非常深远的。从神经学角度讲，学习这一行为之所以发生是因为连接大脑各部分的通道被建立起来。这里把这一通道比作穿越草地的小径会更形象易懂,当这条小径不存在时,最开始的旅程一定是缓慢且效率低下的。然而,这条小径走得次数多了,草也就踩平了,路径也更明显了。把首次激活大脑路径想象成为一片未经踩踏的草地:学习就是给学习者提供一条最初的行走路径,然后反复演练,这条路径就越加通畅,进而学习行为就会变得更加自发,更加顺畅——这一机制不仅仅发生在阅读行为,并且对任何复杂的任务都适用,比如小组活动中固有的对认知能力和社交语言的要求。

正在进行的镜像神经元系统研究也可能对语言学习产生非常深远的影响。如果我们本能地具备了这些能力,便能够通过观察面部表情和肢体语言来进行体验式学习,然后本能地去模仿那些行为,进而开启语言学习和做出恰当社交回应的第一步,那么与学生面对面的互动就变得更为重要了。由于存在于大脑的镜像神经元网络掌管着语言社交——比如动作姿势和面部表情,我们应该支持使用模仿和观察的学习方法,尤其可以帮助那些不擅长和他人沟通的学生。

教师需要做出示范

既然大脑有镜像功能,为了让小组互动有效且高效,专注于如何示范某些行为就变得尤为重要了。比如,为了让学生在小组中更善于给出建议或提供解释,教师需要演示给学生以上行为。如果教师的示范更多为言传而非身教,告诉学生该做什么,而不是有声有色地"演示"给他们那些行为,学生是不可能实现从老师教他们到自己在小组活动中亲力亲为这一飞跃的。

虽然有些老师强调了小组活动的规则（不要奚落他人，听他人说话）和培养合作精神的课堂建设活动，但学生很少会给他人提供切实的帮助，因为老师没有给学生演示过。而当他们提供"帮助"时，通常都是以告诉同学答案的方式实现的。换言之，学生只能模仿老师示范给他们的行为，无法学会老师想要他们做到的事。研究人员发现，改变学生的课堂行为，却没有相应地改变教师的惯用风格和指导内容，会导致学生只会使用老师在说教学习氛围下所完善了的合作学习技巧，然而不能做出进一步改进。

这种小组互动是危险的，因为在这样的环境下，小组活动本应该支持的合作学习和知识的巩固不可能发生。如果小组成员对某一概念不理解，而只是被告知答案，他们便很可能认为，知道答案或者完成任务要比寻找答案或者理解概念的过程本身更重要。这种告知而非帮助的互动还会强化消极的学习体验——尤其是消极的自我对话。学习者或许会提醒自己，他们"太愚蠢了"，无法完成任务，只有别人告知他们答案才行。

这些互动的细微之处很难量化，只有多听，才能抓住更多的细节。我们在自己的课堂上发现，教给学生学习用语是非常有用的，因为他们可以在课堂讨论时现学现用那些语言。我们还把他们互相使用的各类语言一一列出，并张贴出来，由此培养他们使用高水平的学习用语（见图3.2）。互相指导、提出问题等能力构成了习得性学习的认知图谱。

图3.2 学习语言汇总

语言使用目的	功　能	例　句
指　导	引出步骤	● "第一步是……" ● "其次……" ● "最后一部分是……"
询　问	提出问题	● "谁？做什么？什么时候？在哪儿？为什么？通过什么方式？" ● "你怎么看？"
检　测	判断某件事是否合理	● "关于……我还有一个问题" ● "我所了解到的是……"
描　述	谈论某事	● 使用描述性的语言和细节
对　比	展示两件事物的相似点与不同点	● "这是两者共有的……" ● "这些是不同点……"
解　释	举例	● "比如说……" ● "这一点很重要，因为……"
分　析	讨论更宏观的想法的各部分	● "这部分包括……" ● "我们可以就这个想法画一个图"
假　设	根据所知道的信息做出预测	● "我能够预测……" ● "我认为将会发生……因为……" ● "如果……将会发生什么事？"
推　断	推断出结论或者得出答案	● "答案是……因为……"
评　估	评论某事	● "我同意这一点，因为……" ● "我不同意，因为……" ● "我建议……" ● "更好的解决办法是……" ● "最重要的因素是……"

特丽莎·布兰克是密歇根北奥克唯尤小学的幼儿园教师，她对于语言学习很精通。当她听到A. J. 对维奥莱特说："嘿，维奥莱特，也许你应该把那点写下来！"布兰克老师便知道A. J. 在进行有启发性的对话。当加勒特问杰伦："这本书里还有没有其他人物？"她会确认他们在使用问询式的语言。然而学习并没有到此为止，我们还要学生意识到他们在分析和构建问题以及评估想法时所采用的方式。当加勒特确认杰伦的想法时说："哦，是的，你是对的！"他在展示一个5岁小孩正在发展的评估能力。虽然距离他们自己认识到这一点还要再等几年，但布兰克老师已经注意到了她的学生是如何共同构建意义的。

培养面对面互动的方法

许多年来，为了培养学生在小组活动中进行有效互动，研究者们已经设计出一系列的面对面的指导方法。下面将逐一介绍我们认为最有用的三种方法：

速写笔记

在讨论互动方法之初就把独立的活动作为话题，这看起来似乎很奇怪，但我们的确把速写看作是获得有意义互动的重要途径。这种简短的写作活动，一般持续1~5分钟，却能给学习者时间，让他们整理思路，并在和同学讨论之前构建较为成熟的想法。有了笔记作为参考，还能在中断之时有据可循，尤其是腼腆内向的学生，也许会在竭尽全力把对话进行下去时经历中断的尴尬。对于很多学生而言，速写是有意义的思想交流的起点。

速写笔记要写哪些内容，相关的提示性问题既可以具体到所学到的内容（"你如何向你的弟弟讲解分子分裂"），也可以很宽泛，我们常用的提示性问题如下：

- 你今天学到的最有价值的东西是什么？
- 今天的课，有什么你不明白的吗？
- 关于这个话题你都知道哪些内容？
- 你今天是如何自学的？
- 预测：你觉得明天会学些什么？
- 昨天的信息：对于昨天缺席这节课的人需要知道哪些内容？
- 完成这个想法：今天当……时，我很为自己骄傲。
- 在这门课中，要想成功，需要养成哪5个好习惯？
- 我这个星期的目标是……
- 在随后的60秒钟，当你听到……时，写下所有你能想到的词语。
- 当读到……时，我很困惑，因为……

在课前、课上和课后都可以用速写提示的方法。在学习过程中穿插一些简短的笔记，可以让学生创建一系列证据，证明自己思考和学习的过程。比如，在有关社会活动家厄普顿·辛克莱的一节课上，斯宾塞拿到了一份根据阅读材料做出的速写笔记提示材料有关，根据这份笔记提示，他写下了下面这段话：

"坚持不懈"这种精神贯穿于厄普顿·辛克莱寻求安全的食物和工作环境的过程中，为了搜集证据，他做了7个星期的劳工。为了把相关文章发表出来，他还不得不与奥格登·阿摩背道而驰。他赢了，发表了那篇文章。然而，公众对劳工的生活工作环境却没什么反响，这完全出乎他的意料，可是他继续写了很多篇关于劳工工作环境的文章。总统告诉他不要再写了，然而他一直坚持不懈，最终为劳工争取到了更健康的食物和更好的工作环境。

在写完上面这段笔记后，斯宾塞已经做好准备，将在小组讨论中与大家分享他的想法。

同伴讨论

教师常常会告诉学生说"找你的同伴……"，但我们发现，很多情况下，教师们并没有定性同伴讨论究竟具有哪些特征，这种讨论是否有效。在同伴讨论之前让学生完成速写笔记，能够增加同伴对话的有效性，因为速写笔记这一活动在提供催化剂的同时，也让学生给予这种对话以更多的关注。

一旦学生开始与同伴讨论他们的想法，教师也需要马上采取行动了。这不是重新组织材料或者准备下一部分的时候，而是及时地深入了解，在特定时间学生在做什么，以及哪些内容还不明白的最好时机。南希就专门为这样的情况在笔记中夹带一些幻灯片，在巡视各小组活动时记下她听到的内容。南希认真听取了斯宾塞和乔希的有关厄普顿·辛克莱的对话：

斯宾塞：我明白了为什么辛克莱对那些读了他的书的人很愤怒，因为他想要人们想一想工人的境况。

乔希：好吧，我记下文中的这句话："我想要进入他们的心，却打了他们的肚子。"

斯宾塞：然而，他没有放弃，就像故事中的小蚂蚁。他遇到了困难，比如有人对他提起诉讼，但他仍然不放弃。

乔希：我的斗牛犬就是那样！它总是不厌其烦地拉扯他的磨牙绳。

于是，南希写下了"像斗牛犬一样坚持不懈"，然后走到下一组。在收集了很多讨论语言之后，她用投影仪展示了那些幻灯片，并与全班学生进行讨论。对于有些引用的句子，大家会参与进来详细讨论，有些则没有。南希喜欢用这种方式让同伴讨论演进成为更大规模的班级讨论，这样每一小组就能听到来自其他组的想法了。而且，学生看到老师拿着笔记本走过来，会更投入，也更负责。

角色扮演与情景模拟

学生喜欢角色扮演，他们在完成学业很久后都记得参与这样的活动的情景。道格仍记得他在十一年级的美国历史课上演练股票投资的情景，他的小组得到了"100美元"，用于投资股票，实现财富增值。许多年后，道格仍非常骄傲地说到，他的团队把最初投资额增值了221美元。其他受欢迎的情景模拟包括棒球数学、虚拟解剖和审判某一作品中的人物，南希和道格最喜欢的模拟审判是，在阿伊达·艾伦的幼儿园里，小朋友们把破门而入的金发姑娘送上审判台的模拟活动。

在学生模拟某一过程或想法时进行某种肢体活动也可以建立互动和依赖性，并形成概念上的或事实上的知识，而这些知识要想依靠一己之力学习是很有挑战性的。比如，我们观摩了同事玛利亚·格兰特的地理科学课，课上她给学生讲授地震中的纵波和横波，并要求学生站成一排，伸出胳膊搭在相邻两个人的肩膀上（想想"火箭女郎歌舞队"）。她轻轻地推一下队列中的第一位学生，随着学生逐一摇晃，然后站直，纵波便由此形成了。为了把纵波的运动特征和横波加以区分，格兰特老师又让队列中的第一个人向前弯腰，然后再站直。第一位学生的动作促使后面的学生逐一做出同样的动作，在队列中形成波动。在这些小组互动中，学生实际上既体验了两种波动形式，还身体力行地了解到，为什么纵波要比横波移动得更快。

在全班都进行了模拟后，格兰特老师给每个四人小组一个螺旋弹簧玩具和一段绳子，然后让他们确定哪样东西最适合描述哪种波动。在解决问题时，各小组利用他们"模拟波动"的共同体验来支持他们的讨论，并巩固对这些复杂概念的理解（来回拉伸的螺旋弹簧玩具最形象地展现了纵波的变化特征，而上下挥动的鞭子则完美地演示了横波的垂直简谐振动）。

> **三个示范课堂**
>
> 下面让我们看一看三个示范课堂，了解一下这些老师是如何组织并协助学生进行面对面互动的。也可以从中找到小规模的小组合作学习的实例，以及他们实行了哪些辅助性办法来帮助学生进行互动，比如提示、速写和角色扮演。

小学语文课·艾伦老师

阿伊达·艾伦通过使用"慈善募捐"的方法帮助学生在小组内部以及全班分享他们的想法，在使用这种方法时，她首先向小组成员提出了一些问题，然后让他们根据问题提出自己的想法。她的四年级学生都是英语学习者，一直在学习并已经掌握了常用的前缀和后缀。

她首先让学生独立进行头脑风暴，尽可能多地想出来以"pre"为前缀的单词。很快，每位学生都列出了一个单子。然后，她让学生去找到自己的合作伙伴，把他们列出的单词合并写在一张纸上，要求没有重复的单词。随后，艾伦老师请所有的学生站起来，以小组为单位围着教室内部走，小组成员轮流读列出的单词，每人每次读一个，其他小组要把读到的单词划掉。学生读到prepare、prevent和pretend

时，其他小组要把这些单词从列表中划掉。读完列表上的单词就坐下，大约三分钟左右，在每位学生都参与了之后，整个班级便得出了一份以pre为前缀的单词列表。

中学人文课·伏戈尔老师

在凯西·伏戈尔的七年级班级里，小组成员还在为了模仿拉里·金的采访继续工作。伏戈尔老师首先进行了示范，并分析了真实的访谈节目，然后请学生选择一位能够解释东半球某一国家的经济、社会和政治问题的虚拟或真实的人物。她发放了一份提示材料来帮助学生思考有关访谈内容的问题，并告诉学生"根据你对我们所研究的那些国家的了解，确定访谈节目的重点"。她还说："你们要用这份列表向我申请采访权限。"

- 我们选择的国家是 _____。
- 我们选择的人物、事件或问题是 _____。
- 受访者在这一领域做出的重要贡献是 _____。
- 受访者如何对 _____ 产生了兴趣。
- 受访者的童年。
- 受访者是如何应对变故和逆境的。
- 在生活中，受访者产生了哪些影响。
- 受访者希望后人以怎样的方式记住他或她。
- 受访者会对今天的人们说些什么。
- • 事态是如何一步步发展成这次事件的？

- 这个问题如何影响了世界？
- 这一事件有什么深远的影响？
- 我们从这个事件中学到了什么？

伏戈尔老师告诉我们，在学生创作访谈文本的过程中，这张列表似乎提高了学生的能动性，并让学生更专注于他们的研究。

各小组进行排练，并尽可能让访谈呈现得更真实，这一过程要求进行许多面对面的互动。为了有据可循，他们会参照和伏戈尔老师共同创建的评价体系，这一体系阐明了各种执行标准。采访者穿戴着极具拉里·金个人特色的背带裤和眼镜，端坐在装饰得看起来像《拉里·金脱口秀》节目中的一张桌子的后面。

高中社会研究课·吉布斯老师

和多数课堂一样，在布莱恩·吉布斯的课上，学生也有着极其广泛的知识结构、语言种类和社交技巧。为了确保所有学生都有机会参与到讨论中来，并分享他们所知道的东西，吉布斯老师使用各种规范和协议使沟通变得更加顺畅。例如，他实施了"等待时间"原则来缓解那些情不自禁脱口说出答案（有时甚至在问题还没说完之前就给出了答案）的学生，缓和冲动情绪，并给那些喜欢深思熟虑思的谨慎的学生时间来理解问题。"等待时间"对英语语言学习者和那些在听力方面有困难的学生来说尤其重要，因为这些人在快速回答问题和参与讨论方面处于明显的劣势。

吉布斯老师经常使用的另一种提升互动效果的方法是斯潘塞·卡

甘所设计的合作机制的变体，他称这种方法为"头对头速写"，对于具有争议性的话题尤其有效。学生先被两两配对，然后把桌子搬到一起，头对头坐着，就好似要扳手腕一样。吉布斯老师在分配任务（比如，对某一历史人物进行分析）之后，提出问题，比如："你所研究的历史人物是否认为强制性合并对我们高中来说是一件好事？"学生思考这一问题，并在两分钟内写出答案。时间到了后，两位合作者会交换写下的内容，用两分钟时间阅读对方写的内容，并以书面形式做出回复（不许谈话）。两个人反复进行这样的交流，创建一种互动式的书面对话（有时是争论，这决定于写作者的观点）。话题的争议性和复杂性的程度不同，交换观点的次数也可以相应变化。在最后一次交换后，合作者会有五分钟讨论他们的回复，并明确观点。这时，两个人常常都已经迫不及待地想要说话。

随后，吉布斯老师通常会带领全班学生针对他们的"头对头速写"的内容进行讨论。在小组活动开始的几个阶段，这种讨论活动时是高度格式化的，因为吉布斯老师会指定讨论内容的类型，并且给出报告提示内容（例如，"劳拉和我都认同的一件事是……我们意见不一致的是……"）。在学生展示各种技巧时，比如告知观众节目开播时间，表达观点，征求他人的看法或者做长时间的发言等，讨论的架构也可以具有较强的自主性，不一定完全按照老师的要求进行。这种交换速写的一个明显的益处就是，这是一种更加深思熟虑、更严谨、内容更加充实的讨论形式。

第四章
明确个人与小组的责任

"我为人人,人人为我",正是这一准则把达尔大尼央和他的同胞团结了起来。然而,火枪手的箴言不止关乎于他们的荣誉,他们明白,团队的力量来自于个体成员的成功。每个人都时刻对自己负责,同时对他的火枪手同伴负责。

在过去的10年里,"负责"这个词在某种程度上被赋予了消极的内涵意义。在有些领域,这个词语有制裁的意味,事实上,"负责"和"责任"是同义词。在探究个人与小组的责任这一章时,我们要铭记这一点。就像大仲马的火枪手们让自己对他人负责一样,高效小组活动中的每一位成员对其他成员都应该有一种责任感。

在高效小组活动中应该建立两个层面的责任制:个人责任制和团队责任制。个人必须为共同的任务做出贡献:我是否做了应该做的事,该什么时候做?同时,全体小组成员也必须对整个任务的完成效果负责:我们是否做了应该做的事,该什么时候做?不管合作学习任务的标准有多严格，持续时间多久，每位学生都需要清楚地了解自己的个人角色，以及这个小组应该产出或完成的任务。学生还需要知道教师的评定标准是什么，需要从哪两个层面收到反馈。

把责任制融入到任务中

我们都听过针对小组活动的批判——某个人无奈地做了大多数工作，或者动作迅速的成员匆匆完成任务，把其他成员抛在了后面。然而，这些批判所提出的问题确实切中要害：你如何保证所有成员都会完成分内工作？小组项目要求所有个体都要学习并做出贡献，这就需要有一个能够被小组成员以及个体成员使用的，用以检测学习过程的责任制。

巴伦和他的同事们研究了如何在课堂上进行由问题与项目驱动的学习，他们发现了最成功的课堂设计所具备的特定因素。我们把这些因素和自己提出的一些建议融合起来，提出了以下确保小组合作学习责任制顺利实现的指导性方法。

1. 任务设计要重视较为宏观的学习目标（"如何选择健康的食物"），而不是强调单个的知识点（"这个食物金字塔看起来像什么"），而后者是不可能使劳动分工组成生产线的。

2. 在要求学生执行长期项目之前，先让他们执行一些小任务以获得经验，逐渐增加难度和强度，有利于培养持续工作几天甚至几个星期所需要的耐力，同时也让个人得到在团队中取得成功的必要演练。

3. 针对任务的每个阶段设定个人和小组的完成时限。

4. 插入临时步骤，讨论个人和小组的进展情况并提供反馈。

5. 要求学生对他们自己和小组的工作做出评估。有些小组把所有的评语填在一张表格上，这样所有成员都能看见对彼此的评价，他们的评语出乎意料的诚实中肯。

6. 打分时，针对个人和小组的评估标准，这意味着每位成员都会拿到两个分数——一个是个人分数，另一个是小组分数。

下面，我们来看看一位老师是如何把以上指导方法融入到一个短期小组活动中的。来自密歇根北奥克维尤小学的三年级教师杰米·沃尔克斯在她的社会研究课上讲到了经济学这个单元，她的目标是帮助学生了解稀缺效应和机会成本，在特定的情景中，如何区分可获得的人力资源、自然资源和成本资源。为了说明稀缺性如何影响人们做出选择，她利用决策树形图给学生做示范，描述佩特·哈群斯的作品《门铃响了》中的人物看到不停有人出现拿走巧克力棒时都做了哪些事情，然后让学生练习用同样的决策树形图来描述另一个故事。

随后，沃尔克斯老师设计了一个小组任务，让学生有机会和同伴一起巩固理解这个方法。以玛格丽特·金·米切尔的《杰德叔叔的理发店》和苏斯博士的《罗拉克斯》为素材，学生创建了决策树形图来描绘在故事进程中主要人物所做出的选择。这个任务要比单纯地复述情节复杂得多，为了弄清楚每一个决定的所得所失是什么，学生必须对所有的选择做出评估。

沃尔克斯老师会分配各角色以确保分工明确合理，每个小组中都有讨论主持人、朗读者、记录员和报告撰写者。在活动进行的过程中，她会到每个小组观摩一会儿，确认大家都在各司其职。因为学生在学校教育早期就已经体验了这些角色，所以他们对以上角色很熟悉，可以把更多的精力用于认知层面的思考。不仅如此，沃尔克斯老师还给学生一些任务卡，说明每个人的角色，当学生需要再次提醒的时候，她会用这些卡片提示他们。

每位小组成员还对作品中人物的决定做出自己的评估，即通过明确机会成本的高低来论证其观点的合理性。就是用这样的方法，沃尔克斯老师构建了注重学习更宽泛概念的合作学习任务，学生既要完成小组任务（决策树形图），还要完成个人任务（对人物的决策过程做出评估）。

设定小组任务的预期

为了负起责任，学生必须明确作为个体和作为小组成员在学习时应该达到的标准，这些预定标准必须包括他们需要贡献什么，以及以怎样的方式贡献。请记住，虽然高效小组活动最终会实现有效的成果或结果，但绝不是完成任务那么简单，高效小组活动还关乎过程——学习是如何发生的。

有许多有效的工具能够帮助教师保证学生明确他们需要达到的预定标准，时间表能够确定小组成员必须完成什么，以及什么时候完成。

检查表能够列出需要完成某一任务的步骤，比如集体工作流程，或是写出文本的剧情发展概要。在执行任务的过程中，小组成员还可以利用检查表监督个人和小组的进展。最后，评定量规还可以作为打分的标准，让教师免于进行主观的评定。经验告诉我们，学生也必须参与到规则制定中来，参与可以让学生更清楚地理解各项标准，以及这些标准和任务目标的关系，还可以让学生在任务执行的过程中始终围绕预期结果进行。

请注意，检查表和评定量规都可以用来协助教师指导学生如何进行以及如何评定高效小组活动：参与度、互动性、聆听技巧以及给出有益的反馈。

给出针对任务的反馈

反馈在责任制中处于核心地位，教师要培养个人以及整个小组的责任感，就要创建评估体系，鼓励小组成员之间，教师和学生之间给出反馈。这里所说的反馈要具有启发性——绝对不能有"终于被我逮到了"的想法，我们并不是找出谁在偷懒。虽然乍一看似乎很简单，但事实上在小组合作学习中提供这样的支持，对于有些教师来说，是向他们的评定理念提出了挑战，尤其是在评价代替了正规评估的时候。如果我们不花费心思帮助学生评定他们的工作以及决定下一步怎么做，学生在一开始便会把学习和纠正错误混为一谈。正如布鲁克哈特所说："如果课堂文化的一部分是'不停地纠错'，那么需要提升的事情，也变成'错误的'了。"

评估学习过程的责任机制——不仅仅是纠错或完成任务，而是需要监控学习过程，学生在小组活动的过程中以及完成任务后都要得到反馈，这种监控应该包括个人对于团队以及整个小组工作的贡献。老师可以监控学生，小组可以自己进行内部监控，或者两者兼而有之。我们将在第五章谈论同伴反馈的具体方法，在第六章研究小组自我评定。现在，我们来看一看在教师和学生之间明确个人和小组责任制的两种方法：观察法和会面法。

观察法

记录观察结果不过是使用带便利贴的笔记本这么简单，用以快速记录小组活动中学生的参与情况。我们发现使用标有学生姓名、日期、观察时间和对所观察任务的描述的逸事式记录表非常有用（见图4.1）。在随后分析从几次观察中所搜集到的信息时，这些数据就非常有用了。

检查表也是记录观察的另一选择，检查表能够让老师细化观察的具体内容，提供了得出结论的另一种方法。例如，教师可以准备一份检查表来监测各小组进行文本讨论或读书俱乐部的讨论，监测内容包括学生的准备情况、小组行为和建立了哪些联系。这份检查表能够揭示学生为了解读文本所使用的各种策略，并观察学生是否已经整合自己和同伴的评论（见图4.2）。

谈话法

时间对于教师来说是最宝贵的，找到机会和学生面对面讨论也是很难的，即便如此，留出时间和学生谈一谈，也许能够给教师一些通

图4.1 逸事式观察记录表

学生姓名：_____	开始时间：_____
日期：_____	截止时间：_____

小组属性：
个人：
合作者：
小组：
全班：

描述所观察到的任务：

观察内容：

来源：《中学反馈式课程设计：满足学生的不同需求》，作者D. Fisher和N. Frey，版权归属稻草人教育（Scarecrow Education），经Rowman & Littlefield出版集团许可使用。

图4.2 读书会检查表

学生姓名：_____	日期：_____
讨论文本：_____	

读书会讨论行为	未出现	已出现	使用中
准备阶段：			
在小组讨论前已阅读选段			
已写在反馈日志中			
标注了生词和短语			
小组行为：			
就文本内容向其他组员提出问题			
寻求其他同学的反馈			
尊重他人意见			
联系：			
建立文本和自身的联系			
建立必读文本和其他阅读材料之间的联系			
建立文本和其他同学的反馈产生联系			
备注：			

来源：《中学反馈式课程设计：满足学生的不同需求》，作者D. Fisher和N. Frey，版权归属稻草人教育（Scarecrow Education），经Rowman & Littlefield出版集团许可使用。

过其他途径得不到的信息。这种会面可以比较随意，见面时间可以很短（几分钟），也可以很长，可以和一个人谈，也可以和两个人或整个小组谈。在讨论进展情况时，学生的时间表、检查表和评价细则会很有用，教师也可以使用经过设计的问题，让学习者集中讨论他们所做的工作。无论用什么表格，会面的目的都不仅仅是让教师搜集信息，同时也是为了提升学生评估学习效果和进行反思的能力。

铺设学习的路径

高效小组合作学习在激发学生的责任感和反馈的同时，也塑造了学生的学习能力。这一点我们可以从学生的思考方式和产出看出来，同时借助于神经成像技术，我们得以在生物学层面进一步确认这一塑造过程。大脑因学习而发生了事实上的改变，这一现象被称为神经可塑性。

要解释神经可塑性这个概念，把其比作建筑师常用的一种做法会更易于理解。有时，建筑师根据协议不会在两幢楼房之间铺好小路或人行道，而是先让使用者决定路的特征取向。在使用几个星期之后，自然路径就会出现，只要观察这些路径，最佳路线便显而易见，然后再把这些路径铺好，使之成为一条更加固定的路线，对行人来说也更加便捷。在大脑中创造路径与之如出一辙，当一个人尝试某个任务时，一条最初的神经网络便出现了，通过持续的专注力、纠正式反馈和反复，这些路径就会变得更加鲜明。如果在学生参与小组活动的过程中提供反馈，并让他们对学习负起责任，他们就是在铺设路径了。

明确个人和小组责任的指导方法

现在我们来看一看个人与小组责任制的实施方法，以及这一体系如何能够辅助小组活动，确保小组活动对所有成员都行之有效。

人头编号法

由斯潘塞·卡甘设计的分组策略是小组任务的一个范例，他所设计的小组任务建立了把每个成员的学习都考虑进来的负责机制。在人头编号法中，学生被分成四人一组，每个成员都有一个编号。老师随后向各小组提出问题，并要求他们通过讨论得出答案，小组成员必须保证每个人都能理解答案，因为谁都有可能被要求给出并解释答案。在讨论结束后，老师将会叫号，由被点到的学生给出答案。比如，如果老师叫到3号，小组中被指定为3号的学生必须在纸面上或者留言板上写下答案。这种方法对所有实质性信息的学习都很有效，对于复习概念尤其有效。

在复习七年级有关岩石循环的知识时，安德鲁斯老师提出了这样一个问题，即哪些岩石是循环中的岩石，哪些不是。在讨论这个问题时，小组中的每个成员都有机会回顾他们所知道的内容，拓展对内容的理解，互相给出反馈。以下是这次小组讨论的一段节选：

奥尼莎：我知道沉积岩是岩石循环中的一部分，因为沉积岩是刚刚从其他种类的岩石上脱离下来的。

卡利德：是的，所以体积较大的岩石也是这个循环过程的一部分。

达科他：但是沉积岩不仅仅是大岩石掉落的部分，安德鲁斯老师还说了沉积岩还可能是化学风化的产物，就像水晶一样。

奥尼莎：我家里就有一块紫水晶，我爸爸告诉我，水晶一直在长大，就好像有生命一样，所以，水晶一定也是岩石循环的一部分。

贾思明：我认为水晶确实是岩石循环的一部分，因为水晶是一种典型的沉积岩，而且我认为所有岩石都是循环的一部分，贝利和莉莉的书《岩石工厂：岩石循环的故事》告诉我们，岩石都是循环产生的。

卡利德：是的，我同意，这就是说岩石是一直处于变化之中的。

奥尼莎：然而，这种变化发生得非常慢要花很长时间。确切地说，等多数岩石发生了转变，我已经不在了。

达科他：然而我认为岩石循环只是对地球而言的，我认为，如果问有哪种石头不发生变化，答案就是"陨石"了。

卡利德：哦，是的，我记得安德鲁斯老师也这样说过。

奥尼莎：我忘了，你继续。

贾思明：陨石是科学家还没有定论的石头。我认为，我们应该这样回答，地球上的岩石是都是岩石循环的一部分，而陨石是特殊的；有些陨石是循环过程的一部分，有些不是。

在整个小组给出答复之前，学生进行讨论时，安德鲁斯老师会花些时间观察每一小组对每个问题的讨论情况。她记录下学生在讨论时发言的次数，当明确提出问题并回答问题时，会做进一步标注，这种抽样观察会让她对小组内部各成员的参与度有一个基本的认识。

安德鲁斯老师叫到4号时，奥尼莎就是代表小组回答问题的学生，她基本上是按照贾思明和达科他的建议回答的。听到这个深思熟虑的回答，安德鲁斯老师非常高兴。她表扬了回答中陨石的问题，并且希望学生能把注意力放在岩石循环所具有的广泛性上。

共同构建的成果

以单一成果为目标的小组任务可能导致工作量分配不均，比如在单一成果是必须要求时，某个成员会需要做大部分工作。想一想，做一张宣传海报、完成幻灯片演示或者小组的写作任务，都属于这种情况，这时，建立个体责任机制就可以避免这些问题。

对于宣传海报，教师可以要求每位小组成员用不同颜色的墨水写下他们各自的贡献，并要求学生用同样颜色的笔在海报上签名，这样，每位学生的贡献对这个小组、个人和老师来说都显而易见了。为了确保小组成员更加了解其他组员所写的内容，教师也可以要求每个成员在自己的任务项目中都增加两到三项内容。小组成员必须把自己负责的那部分的细节教给其他成员，然后对整个小组的测试负起责任。我们会记录下针对合作项目展示的课堂测试中所提出的代表性问题，进一步鼓励学生做好笔记并认真听。

阶段性写作

在阶段性晚餐中，一组人会走到每个成员的家里吃一道不同的菜，阶段性写作的方式与阶段性晚餐非常相似。每个成员开始在一张纸上写作，再把这张纸递给下一位小组成员（比如说，坐在右边的人），写作持续时间是固定的（通常为五分钟）。下位成员阅读前一位成员所写的内容，然后继续写。就这样继续下去，直到每位成员都完成一部分写作。随后，所有小组成员会对他们所有的文章进行讨论，选出最具有代表性的一篇交给老师。

图4.3就是这样一篇阶段性写作的文章，是由十年级的学生在课堂上就有关法国大革命的问题合作完成的。在法国大革命这一单元学了一半时，作为高效小组合作学习的一部分学生，被要求进行阶段性写作。老师通过这些文章来发现并指出有理解错误的地方，并要求提供信息的学生重新讲解。

写作框架

在小组合作学习中，我们常常使用写作框架这种方法，这为使用学术语言提供了一个有效的平台，还为小组成员在活动中的学习状况和贡献提供了证据。

必须承认，当第一次听说在小组活动中采用写作框架的方法时，我们是有一些顾虑的，担心学生会因此产生依赖性，误导学生进行刻板的写作。然而，我们的经验和研究表明，事实恰好相反，当得知这种写作框架的方法在大学课堂上也备受青睐时，我们非常开心，因为即便是最具创意的表达方式也要依赖于既定格式和结构，创造性和原创性与设计好的框架格式并不背道而驰，而是在运用想象力使用这些既定形式。

图4.3 小组阶段性写作样本

> 法国大革命是三大革命中最血腥的，也是最暴力的。法国大革命的主要原因是第一、第二等级和第三等级之间权利分配不均。（学生甲）第一等级是天主教教士，第二等级是贵族，这两个等级免于纳税，只占了人口的极小部分。第三等级包括除了以上两个等级的所有人，他们必须纳税。（学生乙）第三等级的人由于受到了不公待遇，决定变革。他们集会，讨论变革，而国主对此大为光火。（学生丙）于是人民开始反抗，他们攻占了巴士底狱，这是一个代表了法国所有的腐败和不平等的军械库和监狱。妇女们也开始了反抗，她们行进到凡尔赛宫，把国主和王后带回巴黎。（学生丁）这之前，第三等级的人民还集合起来，起草了"网球场宣言"，宣布在王朝宪法制定确立起来之前，集会绝不解散。（学生乙）第三等级也被称为"国民议会"，这一议会之所以创立"网球场宣言"，是因为国主试图阻止他们所做出的所有变革。（学生丙）

我们见到所有课程和所有年级中的小组活动都使用了写作框架的方法,例如,二年级教师阿拉希利老师要求学生用写作框架的方法,使用过去式练习提出问题和回答问题。问题和答案如下:

你的_____(一位家庭成员)在_____(时间)都做什么?

我的_____(一位家庭成员)在_____(时间)都做_____和_____。

阿拉萨利老师的课上学生们在高效小组活动中讨论感恩节,互相提问并回答问题。他们从单词墙上选择动词,然后根据自己的笔记确定要描述的家庭成员。贾思明写道:你爸爸在感恩节做什么呢?詹姆士回答:我爸爸在感恩节吃火鸡和火腿,还看电视。米拉回答,我的妈妈在感恩节吃苹果派和南瓜派。阿拉萨利老师认真听着学生交谈,确保个人和小组都履行了责任。

九年级教师凯丽·摩尔在小组活动中用下面这段框架帮助学生理解这本书的情感。

在这个故事中,作者_____,描绘了_____一种情感。一种他/她让我们她建立这种情感的另一种方法是通过_____,例如_____。最重要的是,_____这种情绪让读者感觉到_____。随着故事进一步深入,_____中的人物学会了_____。在读这个故事时,我们还学到了_____。

为了向大家演示如何使用这一框架，摩尔老师选择埃尔文·布鲁克·怀特的《夏洛的网》作为范本，多数九年级的学生都知道这本书，随后，她要求学生用上面的框架每个人写一写有关他们小组阅读的那本书的情感。读了《暮光之城》的那组学生讨论了这本书的情感，然后每个成员都用以上框架构建自己的那段话，在图4.4展示了其中一位学生写作的段落。小组成员之间交换阅读，随后对他们所写的段落内容的相似性和不同点进行了讨论。随后，摩尔老师通过阅读学生所写的内容来评估学生对这本书的理解程度，并根据明确的需求做出计划，对学生进行有的放矢的小范围的指导。

写作框架可以用在所有实质性内容的学习中，例如，作为小组合作学习的一部分，化学和物理老师格兰特经常让学生在实验室中使用写作框架来总结他们的理解情况。在有关波动的实验中，她给学生提供了如下这段话作为开篇：

总之，_____有着_____的特性。证据包括_____，_____和_____。由此，认为_____似乎是合理的。

图4.4　学生使用情感框架的写作样本

苏珊娜·希梅内斯

2008年11月17日

情感

在《暮光之城》这本书中,作者创造了一种充满魅力与奇迹的情感氛围。她让我们感到充满魅力所使用的一种方法是通过讲述永生的吸血鬼。她构建这种情感氛围的另一方式是通过赋予让人惊叹的吸血鬼以超能力和速度,例如,爱德华能够读懂人们的心,而爱丽丝能看见人与事物最重要的特征。奇迹的情感氛围会让读者觉得常人也有很多意外之喜,因为你永远不会知道一个人对于他人来说有什么意义。随着故事中的深入,《暮光之城》中的人物学会了适应福克斯小镇的生活。在读这本书的过程中,我们也学会了保持体验奇迹的一颗心。

> **三个示范课堂**
>
> 这一章，我们讨论了设计高效小组活动的重要性，包括责任机制，和提供给学生机会，使之得到对于自己和所在小组活动的反馈。我们还提出了很多其他指导性建议，提倡公平分工，保证所有学生通过行动积极地参与到小组活动中来（而不是袖手旁观）。下面，我们转向三位教师的示范课堂，看看他们是如何把个人和小组责任制融入到高效小组活动的设计中的。

小学科学课·艾伦老师

阿伊达·艾伦的二年级学生正在科学课上研究有关营养的问题，他们了解了美国农业部提供的食物金字塔，这个食物金字塔对人们日常合理饮食的构成比例提出建议，即每日对谷物、水果、蔬菜、豆类和肉类，以及奶制品的摄入量。他们还研究了教室墙上的金字塔海报，学会准确地对日常食物进行分类。艾伦老师已经向学生示范了她是如何选择食物的，学生也分析了学校一周内的午餐构成，并注明了午餐中最欠缺的或最有代表性的食物。完成了以上工作，艾伦老师认为她的学生已经做好准备接手她为这个单元设计的小组任务了，每个学生要做的第一步是使用美国农业部设计的表格记录每天的食物构成。

第二天，艾伦老师把学生分为四人一组，要求学生利用食物金字塔和每日食物记录中的信息合作完成一份海报。每位学生用不同颜色的记号笔在海报上写下相关内容，比如，贝托告诉他的小组同伴，他昨晚吃了意大利面和萨拉肉丸。里奥和玛丽安娜认为贝托的这餐饭包括了肉、蔬菜和水果，但他们不确定意大利面属于哪一类食物。阿德里安娜使用食物金字塔确认了意大利面是谷物，并指出来为什么是这样。就这样，每个小组成员都把自己的食物日记读给同学听，然后在海报上写下相关信息。在海报的最下面，他们写下了大家都选择了的食物，并设定了第二天的用餐目标。在任务结束之前，整个小组都提交了他们共同完成的海报和每个成员的食物日记，由此保证艾伦老师在评估他们的进展时，对于小组和个人的情况都有据可依。

中学人文课·伏戈尔老师

我们已经见过了凯西·伏戈尔老师如何设计了针对有影响力的人物的访谈，以及如何发放给学生提示列表，帮助学生编辑访谈问题。在这之后，她和每个小组开了一次会，讨论合作者们的进展，并帮助他们找到必要的信息资源，使他们做出一份完整的计划。

在拉里·金的访谈节目中，戴夫和埃里克选择塑造一个虚拟的以色列政府官员，对于持续的阿以冲突抱有极为复杂的情感。在伏戈尔老师和他们开会讨论时，她标注了每位成员做出的贡献，他们分别收集了相关信息，包括冲突的历史根源，1948年以色列建国和1995年伊扎克·拉宾被刺杀的事件。在随后的几个星期里，这群男孩子和伏戈尔老师见了几次面，不断完善他们的计划，这个方案最终演变成访谈文本的提纲。在项目持续一周的时间里，伏戈尔老师为学生做了几次咨询，由此在访谈节目的准备阶段就收集了有关学生个人进步情况的信息，同时也监控了整个小组的进展情况。

高中世界历史课·吉布斯老师

在布莱恩·吉布斯的十年级世界史课上，学生已经完成了有关罗马的那个单元，其主题围绕着"选择和责任：塑造社会的力量"展开。他们刚刚完成了一个模拟审判，指控裘力斯·恺撒瓦解了罗马共和国。作为审判的观察员或者观察员的扮演者，学生们审查了不同人物做出的选择，并对比他们的不同动机和对于责任、领导才能和社会的不同信仰。因为人类最早的报纸是公元前59年恺撒大帝下令逐日颁布的《罗马公报》，所以在这个单元的活动即将结束时，出示了一份报道恺撒的审判的专版报纸，也是合情合理的。

吉布斯老师把学生分为四人一组，并说明每个小组都要负责编辑出一份包含五篇文章的报纸，这五篇文章要从多个角度阐明对于审判的不同看法，并且要阐述这些观点是如何和这个单元的主题联系起来的。对于文章内容学生得到的具体要求如下：（1）咨询性质的文章，对审判进行真实陈述；（2）采访审判中的两位关键性人物；（3）围绕审判的个人社论或评论；（4）回复波西亚的请求的建议专栏，她咨询的问题是如何应对她的丈夫布鲁图的低落情绪，以及她的丈夫拒绝谈第二天,艾伦老师把学生分为四人一组,要求学生利用食物金字塔和每日食物记录中的信息合作完成一份海报。每位学生用不同颜色的记号笔在海报上写下相关内容,比如,贝托告诉他的小组同伴,他昨晚吃了意大利面和萨拉肉丸。里奥和玛丽安娜认为贝托的这餐饭包括了肉、蔬菜和水果,但他们不确定意大利面属于哪一类食物。阿德里安娜使用食物金字塔确认了意大利面是谷物,并指出来为什么是这样。就这样,每个小组成员都把自己的食物日记读给同学听,然后在海报上写下相关信息。在海报的最下面,他们写下了大家都选择了的食物,并设定了第二天的用餐目标。在任务结束之前,整个小组都提交了他们共同完成的海报和每个成员的食物日记,由此保证艾伦老师在评估他们的进展时,对于小组和个人的情况都有据可依。

中学人文课·伏戈尔老师

我们已经见过了凯西·伏戈尔老师如何设计了针对有影响力的人物的访谈,以及如何发放给学生提示列表,帮助学生编辑访谈问题。在这之后,她和每个小组开了一次会,讨论合作者们的进展,并帮助他们找到必要的信息资源,使他们做出一份完整的计划。

在拉里·金的访谈节目中,戴夫和埃里克选择塑造一个虚拟的以色列政府官员,对于持续的阿以冲突抱有极为复杂的情感。在伏戈尔老师和他们开会讨论时,她标注了每位成员做出的贡献,他们分别收集了相关信息,包括冲突的历史根源,1948年以色列建国和1995年伊扎克·拉宾被刺杀的事件。在随后的几个星期里,这群男孩子和伏戈尔老师见了几次面,不断完善他们的计划,这个方案最终演变成访谈文本的提纲。在项目持续一周的时间里,伏戈尔老师为学生做了几次咨询,由此在访谈节目的准备阶段就收集了有关学生个人进步情况的信息,同时也监控了整个小组的进展情况。

高中世界历史课·吉布斯老师

在布莱恩·吉布斯的十年级世界史课上,学生已经学完了有关罗马的那个单元,其主题围绕着"选择和责任:塑造社会的力量"展开。他们刚刚完成了一个模拟审判,指控裘力斯·恺撒瓦解了罗马共和国。作为审判的观察员或者观察员的扮演者,学生们审查了不同人物做出的选择,并对比他们的不同动机和对于责任、领导才能和社会的不同信仰。因为人类最早的报纸是公元前59年恺撒大帝下令逐日颁布的《罗马公报》,所以在这个单元的活动即将结束时,出示了一份报道恺撒的审判的专版报纸,也是合情合理的。

吉布斯老师把学生分为四人一组,并说明每个小组都要负责编辑出一份包含五篇文章的报纸,这五篇文章要从多个角度阐明对于审判的不同看法,并且要阐述这些观点是如何和这个单元的主题联系起来的。对于文章内容学生得到的具体要求如下:(1)咨询性质的文章,对审判进行真实陈述;(2)采访审判中的两位关键性人物;(3)围绕审判的个人社论或评论;(4)回复波西亚的请求的建议专栏,她咨询的问题是如何应对她的丈夫布鲁图的低落情绪,以及她的丈夫拒绝谈论他的烦恼,她该怎么办?在学年初,这些学生已经学会了如何去写报纸上不同类型的文章,这次他们有了用武之地。

为了保证学生积极地参与到学习中来,吉布斯老师还把衡量个人和小组负责程度的大量标准融入活动中,每天他都会指定学生回去写一篇上面提到的文章。学生知道,自己将会在第二天把初稿读给大家听,也知道他们的五篇文章都会因此拿到个人分,这些方法增强了个人责任感。在课堂上,学生分享并讨论他们的文章,在彼此的稿子中把具有表现力的短语和词汇标记出来,检验措辞的准确性,并评估文章的这些想法或证据与主题的相关性如何。然后小组成员进行合作,从每个人的文章中精选出最好的想法,然后创作出一篇文章。在文章正式发表在报纸上之前,每个小组成员都要在最终成稿的下面签上名字,表示他们同意这篇文章代表了他们组最好的想法。

在小组活动的发表阶段,学生承担起不同的角色或者任务(校对员、文字编辑、版面制作者和平面设计者),然后依据发表日程安排工作。基于报纸符合评价量规的程度,每个小组会得到一个分数。学生也要完成对组员的评价,这些评估考虑如下因素,比如是否按时完成指定工作,面对面工作的时候所做出的贡献,和小组成员进行卓有成效的互动。在办报纸的活动中,学生的最后分数包括个人文章分数、小组报纸的分数,以及其他成员的评价分数。吉布斯老师把这个分数和从其他活动、考试和测验中得到的分数加在一起,由此确定每个学生的单元得分。

第五章
培养人际与小组沟通技巧

小熊维尼说:"你不可能一直待在自己的森林里,等待别人来找你,有时你必须得去找别人。"

我们有和他人沟通的内在需求,但有时却不知道如何与别人沟通。老师们常常看到学生不知所措,既想要和别人互动,又害怕那样做。想想上学的第一天吧,他们一言不发地挪动到书桌后面,目光环顾四周,想在全都是陌生人的房间里找到一张友好的面孔。当看到教室对面某位同学的微笑时,或者当有同学指给他们看喷泉在哪里时,他们诚惶诚恐的表情才终于放松下来。有些刚来的学生会畏缩不前,需要比其他学生花上更长的时间适应,但多数学生都会和同学建立起联系,在课堂上、操场上和餐厅里的互动都会发展成友谊。有些学生在努力与别人产生联系的过程中需要更多的关注,但只要有爱心的成年人从中协调,这些学生总会找到他们的死党。

即便当学生之间了解更加深入后,对于互动,他们还是会表现出犹豫不决，尤其是当他们被要求合作完成一件不熟悉的任务时。从幼儿园到高中，学生一直都处在习惯养成的过程中，意识到他人的存在，并发展出以有效互动为目的的社交技巧，而这正是我们作为教师应该发挥作用的地方。我们可以示范某些社交沟通技巧，并给学生机会进行演练，我们可以创建某些规则并设计小组任务，帮助学生养成并拓展人际关系技巧。通常，必须传授给学生高效小组活动所需要的具体的小范围沟通技巧（见图5.1）并需要对其进行强化。

我们认为，思路清晰，沟通明确，主动倾听，给出反馈和多角度思考对于小组的有效学习非常重要。帮助学生建立必要的社交技巧，学会协调复杂世界中纷繁各异的文化、语言和价值观，也是教师的部分职责。我们必须保证，学生在离开我们以后，在探索更广阔世界的过程中，能够做到轻松自信地与他人沟通交流。

学生需要有机会练习沟通

所有的人际和小组沟通技巧都有一个神经学依据，有一个被称为颞顶连接区域（TPJ）的大脑皮质的特定区域，似乎在社交互动、同理心、专注力和元认知方面起着非常重要的作用。这个区域在右耳后部的正上方，是几种重要的大脑功能发生交错的关键会集点。更重要的是，有人推测，"右侧颞顶连接区（TPJ）专门掌管这种很可能只有人类才具备的对他人情感和认知状态进行推断的能力"。换言之，也许正是大脑这部分区域使我们具备了理解他人的能力，即他人的思想情感与我们不同。

图5.1　常用人际沟通技巧

技　巧	操作细则
领导才能	- 提供指导和组织性建议，帮助小组完成任务 - 允许他人说出自己的意见，言责自负 - 成败与共 - 鼓励小组为了目标而努力
决　策	- 听取他人建议，并考虑他人建议 - 明确所有可能的行动方案，并描述每个方案的利与弊 - 当小组需要得出定论时，乐于做出选择
建立信任	- 履行对他人的承诺 - 建设积极的氛围 - 有礼貌地表示异议 - 准确地评估自身能力
话轮转换	- 认真听他人讲话，不打断别人 - 对他人说了的话要有所领会 - 确保所有人都有说话的机会 - 给出支持性陈述 - 使用动词或者非动词邀请他人给出回复
积极倾听	- 和发言人有目光交流 - 做出开放的姿态 - 停止做其他事，专注地听 - 解释他人的陈述 - 提出明确的问题 - 寻求并提供反馈
管理矛盾	- 听取他人的建议 - 避免出言不逊 - 陈述观点时不要防范他人 - 能够明确个人问题和他人的问题 - 包容地接受整个小组的决定 - 能够重新启动任务

能够明确每个人的思想情感有其特殊性而且不是放之四海而皆准的这种认知能力，被定义为"心智（theory of mind）"。心智主要指换位思考的能力和社交技巧，需要多年的时间才能形成。当年幼的孩子用手盖住双眼"隐藏起来"时，说明他们相信自己看到的东西和你看到的东西是一样的。当孩子开始区分自己和妈妈时，在给他们读书，关注同一个事物时，把某物指给某人看时，他们的心智就开始发展了。通常，3~4岁时，孩子们便表现出，他们已经明白别人的世界观和自己的不一样。最终，孩子们会发展处推断他人意图和动机，以及对他人的行动做出预测的能力。曾经有这样一个有趣的假设，即患有自闭症的人发展心智的能力在逐渐削弱，这一特征被称为"心灵盲（mind blindness）"。对于有自闭症的人，存在这样的假设："如果我感受不到，你便感受不到，我看待事物的方式就是你看待事物的方式"，这因此成为阻碍他们与他人联系或者建立亲密关系纽带的障碍。

研究人员还认为，第三章中讨论的镜像神经元系统在心智发展方面起着辅助作用，这说明同理心和接受不同观点的能力可以在接触到他人的感受和体验过不同观点这样一个形成过程中，产生与发展起来。大脑活动的变化与一个人感受他人的想法与情绪的能力是相关的，不一定要有切身体验，这一点是很明确的。在给7~12岁的孩子看某人痛苦的形象或者被他人蓄意伤害的形象时，对他们进行脑部扫描的结果，与看到同样情景的成年人的脑部扫描结果是一致的。

培养人际交流和小组沟通技巧的常规指导方法

下面,学生已经准备好学习人际交流技巧了,教师只需要给他们提供机会。学会与他人合作也需要有人示范、大量练习、反思和不断完善技巧,想当然地认为学生已经知道了某些技巧,或者在成长的过程中应该学过了某些技巧,这种想法是不对的,而且会造成许多意想不到的负面后果。在这部分,我们将介绍几种指导方法,帮助学生在小组互动学会各种技巧,从明确沟通到彼此倾听并做出回应,再到接受不同的观点,不一而足。

思路清晰、沟通明确

在向他人讲述自己的想法之前,学生必须有能力组织和打磨自己的想法。科斯塔和卡里克把"清晰准确的思考与沟通"这个重要的技巧确定为"思维习惯"的一种,这种习惯对于学生成功解决新问题是必要的。我们的经验表明,这种技巧对于卓有成效地完成小组合作学习尤其重要,并能在合作学习的过程中进一步得到发展和验证。

思维导图是帮助学生在向他人展示想法之前整理思路的有效工具,大量研究表明,思维导图之所以能够帮助学生理解,可能因为这些图谱为学习者提供了手头资料的视觉表象。同时,在学生进行分类整理、评估以及明确核心信息的过程中,这些视觉工具通常会要求学生对内容进行批判式思考,还能帮助学生明确信息源中各概念和思想之间的关联。

维恩图解、网状图、序列图、表格和十字分类图等(见图5.2)

图5.2 常用思维导图

类　型	描　述	示　例
维恩图解	部分重叠的圆圈代表概念的相似点和不同点	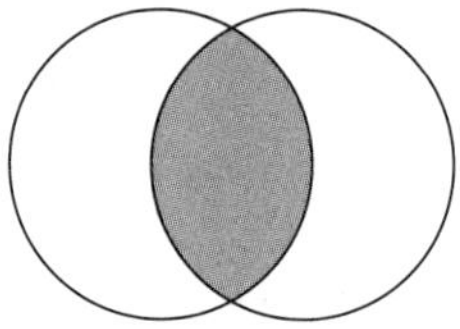
网状图	一个中心词或短语与相关的支持性标示、概念和思想	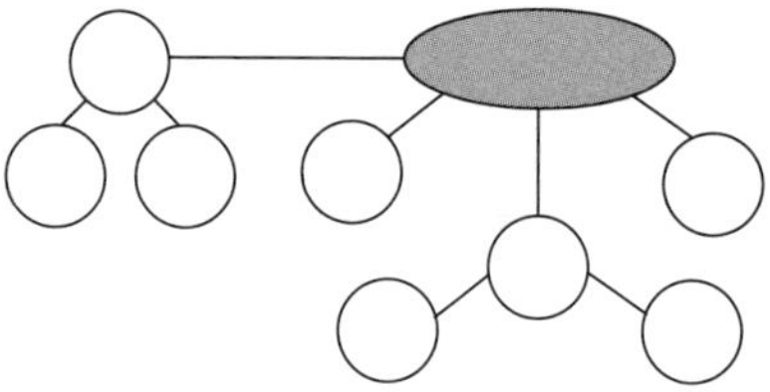
序列图或流程图	一系列步骤	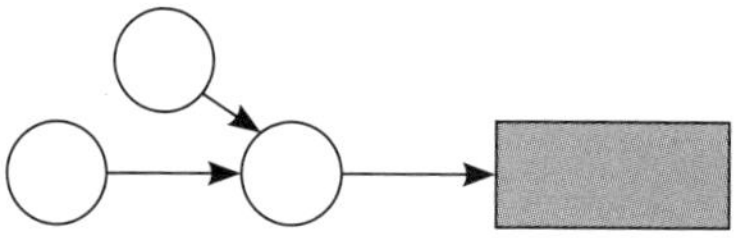
表格	表格中的行和列展示了横向与纵向关系	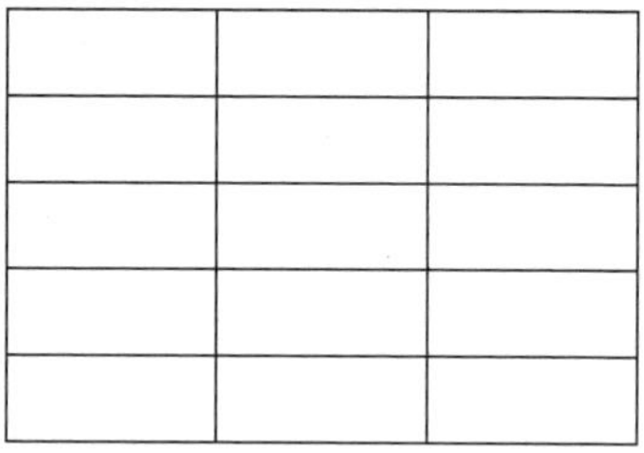
十字分类图	一个两纵列的表格，用于把想法分类	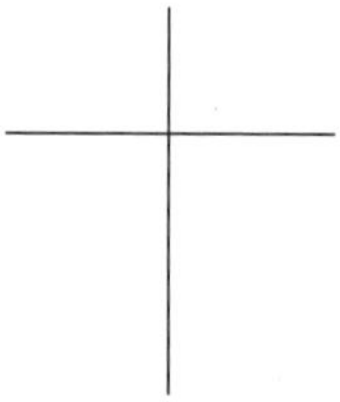

都是基本思维导图的范例，所有学生都应该知道如何使用这些图谱。能否从这些工具中获得最大收益，关键在于学生要自己去选择应用，而不是由老师指定使用。换句话说，教师们不应该复制一份思维导图，然后要求学生填上信息。如果这样做，完成思维导图就变成了填工作表，而我们知道，人类大脑的神经元树突在这种情况下是不会生长的，也不会激发出任何相关的其他想法。相反，教师应该给学生展示可以通过视觉来表现想法和信息的各种方法，并鼓励学生选择和使用对于组织思路最有用的方法。

在布鲁顿老师的七年级历史课上，学生就经常在小组活动中使用思维导图。布鲁顿老师介绍了许多不同的图形工具，并教学生如何选择适合某一项具体任务的工具。在考察中世纪生活风貌的那节课上，布鲁顿老师为每个小组提供了范围很广的文本材料，学生可以从中找到与指定话题相关的信息。在小组讨论中，某位小组成员在展示他们的发现时，其他成员做笔记。泰勒在做关于查理曼大帝的研究时就创建了一个网状图来组织他的思路（见图5.3）。

在高效小组活动中的圆桌讨论环节，泰勒使用了网状图来介绍他学到的东西。在他的同伴提出问题并提供更多的信息后，泰勒在他的网状图上做了标注，以便随后完善，下面就是这次讨论的部分选段：

　　布鲁克：查理曼大帝有子嗣吗？

　　泰勒：我不知道，但我可以去查一下，明天告诉你。

　　阿曼达：他的名字代表什么意义？

图5.3 学生创建的网状图

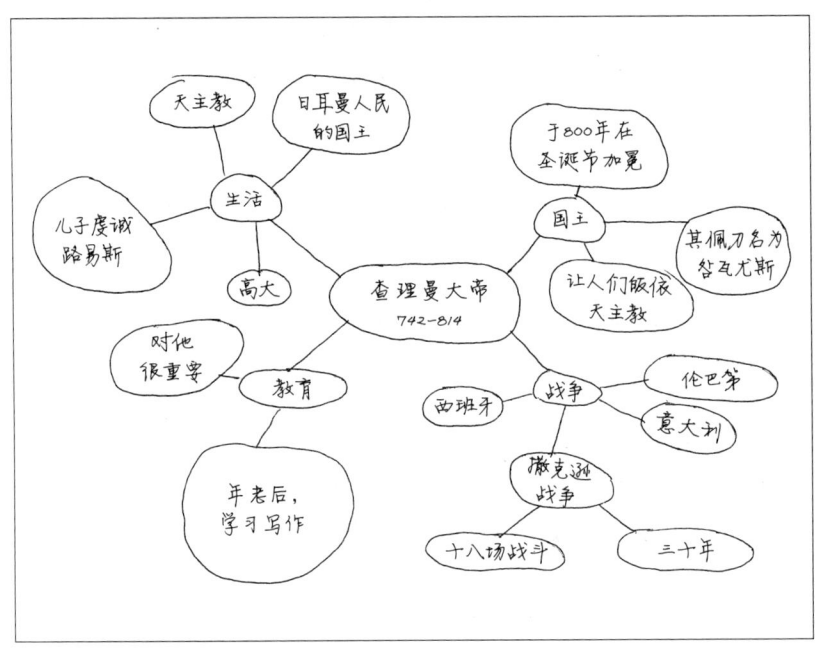

泰勒:他被命名为查理斯,但人们尊称他为查理曼,意思是"查理斯大帝",这是因为他征服了许多地方和许多人。

积极地倾听

为了实现小组内部互动并汲取彼此的想法,学生们必须能够倾听并理解同组成员,积极的倾听是指使听者专注、鼓励发言者并确保听者理解发言者所说内容的一个技巧系统,图5.4列出了这些倾听技巧,并介绍了应用方法。

四年级教师特雷兹曼老师在积极倾听训练上花费了大量的时间和精力,但他仍认为这些努力是必要的,他解释道:"如果你没有真正

图5.4 积极倾听的技巧

做什么	为什么做	如何做	说什么
鼓 励	• 对说话者所讨论的内容表现出兴趣 • 让说话者一直说下去	• 点头、微笑和使用其他面部表情 • 不要赞同，也不要反对 • 用积极的语调表达不掺杂个人观点的语言	• "我明白了……" • "嗯……" • "我知道了……" • "继续"
重申或澄清	• 表明你正在听，而且已经理解了 • 检验你对说话人所表述信息的理解是否正确	• 重申基本想法，强调事实 • 理清要点 • 不要"似听非听"	• "如果我没理解错的话，你的想法是……" • "我明白了，你的意思是……" • "换句话说，就是……" • "你说……是什么意思？"
反思或解释	• 向说话者表达你已经听到了他或她所说的话 • 展现出你已经明白了说话者的感受	• 重申对方的基本感受 • 对他人的主要思想做出回应	• "那么你觉得……" • "你一定觉得很愤怒，因为……"
总 结	• 把重要的思想、事实等重新组织起来 • 为进一步讨论建立基础 • 回顾进步	• 重述、反思和总结主要的思想和感受	• "那么，你是说，核心思想是……" • "如果我理解了的话，你是说……" • "基于你的展示，你是要表达……不知正确与否？"

地在听别人说什么，便难以在高效小组合作学习中发挥作用。"

特雷兹曼老师还定期评价自己的积极倾听技巧："很难预先做出计划（来评论小组讨论），因为这和你把"如何成为一名积极的倾听者"写下来不一样。"于是，他在教室的写字板上画了一张图，名为"T老师今天是不是一名合格的听者呢？由你决定"而且在每项标准上他都给自己一个核选标记：

- 提出了一个用于澄清疑惑的问题
- 重述某人的思想
- 与发言人有眼神接触
- 提出一个后续性问题
- 友好地使用肢体语言

在一天的学习结束后，他会统计全班学生给他的分数，请学生在合格听者1~10的评定范围内评定他的级别。"这些孩子喜欢每天给我打分，"特雷兹曼老师说道，"这让我不得不谨小慎微。当然，我们不会对每次互动进行评分，因为那会花很多时间。我让他们每15分钟收集一次数据，这样，我就可以一直调整所讲解的实质内容的范围和教学安排了。"

当特雷兹曼老师认为，他的学生已经准备好了在高效小组活动中使用积极倾听技巧时，他便会把下面的检查表给他们：

——在做出回应之前，你能解释一下刚才所说的内容吗？
——当你不明白某人说的事情时，你会提出问题弄明白吗？
——你会鼓励小组其他人参与进来吗？

——当别人和你对话时,你会看着对方,有眼神交流吗?

——你会给每个小组成员机会说话吗?

——你会观察肢体语言吗?是否能确定他人没有在努力表达自己,或者感到挫败吗?

这个表格既提出了对倾听的要求,同时还为小组活动中合格的倾听行为提供了参考框架。

特雷兹曼班上的一名学生艾德里安在谈到发展积极的倾听技巧时,这样说道:"我不得不学会倾听,不仅仅听别人说了什么。"我们知道,专注于积极的倾听对艾德里安将好处多多,无论是现在在学校,还是以后在工作岗位上他都将从中受益。

回应同伴

要求学生对同伴给出有建设意义的评论,即便社交技能非常娴熟的学生也会从中进一步拓展自己的技能。学生反馈通常分为两类——过于客套,很难给出实质性的或有用的建议,或者过于生硬,可能伤害了他人的情感。出于防范心理,多数学生从未学过该如何给他人反馈。

同伴反馈应该更多地是对同学的工作或想法的回应,而不是对其工作或想法的评判。例如,对于作家最有用的反馈应当包括读者从中明白了什么,提出问题以理解作者的意图,提出建议,让作者意识到下一步需要怎么做。不要把反馈看作"校订",而要从作为同伴的读者、作者或听者的角度给出回应。教师的角色就是向学生示范这类回应,并监督他们实践的。为了示范如何对作品进行回复,图5.5把这些步骤

图5.5 回应同伴的技巧

技　巧	教师做了什么	学生做了什么
把你写的文章和大家分享	• 把你写的文章分享给大家，并要求大家给出回应 • 和大家分享你根据回复所改写的内容	• 评论老师所写的东西
明确评估标准，做出回应	• 给大家展示对一个成果的评估 • 回应是针对作者的	• 明白你的回应应该有礼且有益
示范如何做有实质内容的赞扬	• 展示如何告诉对方你喜欢什么	• 明白作为读者大肆褒奖他人的作品，会由于太过肤浅而失去意义
如何展示你的理解	• 展示如何告诉别人你对文章的理解	• 明白向作者回顾其所写的内容是很有帮助的
如何提问	• 示范如何对不懂的内容进行提问	• 明白提出的问题最好与作者的写作目的相关
如何给出建议	• 示范如何针对写作技巧提出建议	• 明白一名回应者要让作者知道下一步该怎么做
全班的回应	• 组织全班学生针对一名学生的作品给出反馈	• 给出回应 • 听取其他同学的回应 • 听听作者认为哪些回复是有用的
同伴回应	• 让学生两人一组，对文章做出回应	• 练习在全班反馈阶段学到的回应技巧

（续表）

技　巧	教师做了什么	学生做了什么
回顾评论	● 把小组成员的评论读给作者听 ● 提出更好的技巧 ● 设计小课	● 得到老师对评论的反馈
讨论环节	● 与没有给出恰当回应的学生逐一对话	● 强化技巧

来源：西蒙斯，J.（2003)."回应者是后天习得的，不是与生俱来的"，《青少年与成人读写能力期刊》，46（8），684-693，经国际阅读协会（www.reading.org）许可使用。

进行了分解，而这些步骤——赞扬、反馈理解、提问和建议，可以被应用到任何类型的学生工作中，为学生示范该如何回应同伴。

在给出有建设意义的反馈时，年纪尚小的学生可以使用的一个简单的模式就是"三明治模式"。在这个模式下，学生使用三个对话阶段。第一层是用具体的具有积极意义的例子来赞扬对方，而有建设意义的批判构成了讨论部分，也就是三明治的"火腿层"，建议对方有哪些地方可以改进。最后，同伴讨论以明确下一步行动而告终。

三年级教师玛丽索尔·拉米雷斯示范了三明治模式之后，尼克的小组便在同伴讨论中实践了如何做出反馈。以下便是尼克朗读了他对乌龟的研究报告后，小组成员给出的反馈：

克林特：我喜欢你描述的细节，我尤其喜欢你讲述乌龟能感受到壳上的变动时所使用的方式。

尼克：谢谢！我本来不知道乌龟有这种本领，是后来在书里看到的。

布里安娜：我也觉得，你所描述的细节很到位，用词也很讲究。比如，我并不知道乌龟壳的顶部和底部有不同的叫法，我知道了甲壳指的是顶部的壳，而腹甲指底部的壳。

尼克：哇，谢谢你！

布里安娜：但是我觉得你应该重新组织一下结论部分。

尼克：你有什么具体的建议吗？

布里安娜：好吧，我觉得你的介绍要比你的结论有趣多了。在结尾部分你所说的都是之前说过的，也许你应该在结尾幽默一些，或者提出一个问题。

克林特：我同意，我并无恶意，你的文章的确很好，但是，如果你把结论部分再好好润色一下，读者才会真正记住，就像布里安娜说的那样，你能再把结尾部分读一遍吗？

尼克：好的，结尾部分我写得有些匆忙，对于这一部分也许我还需要些帮助。

尼克的小组给出的反馈是很有用的，既指出了他们喜欢和学到的具体内容，同时还为尼克下一步改进文章提出了建议，尼克也很豁达地接受了同伴的回应。

从不同角度思考问题

为了使高效小组活动顺利进行，培养学生的人际沟通技巧的另一种方法是训练他们从不同的角度考虑情境和问题，然后创造机会让他们就某一实质性话题产生异议。合作学习的理念就是让学生接触到不同的观点,构建学生理解他人的观点并确立自己的观点的能力。

例如,密歇根诺斯维尤中学的教师谢里丹·斯蒂尔曼要求他九年级英语课上的学生使用询问和研究的方法从不同角度分析罗密欧与朱丽叶的决定。学生在课上学习了《罗密欧与朱丽叶》,并且阅读了相关材料,比如古罗马诗人奥维德讲述的一对巴比伦恋人皮拉摩斯与提斯柏的故事。他们还阅读了有关青少年大脑发育情况的相关信息,更加深入地了解了为什么这些故事里的青少年恋人会做出这样不理智的决定。学生在文章里做了注释,然后以小组为单位讨论这些故事以及神经科学。他们要着手解决斯蒂尔曼老师提出的两个问题:"在过去的十年间,你的大脑是如何逐渐发育成熟的"和"比起小时候,你现在所做出的选择是否更加合理呢?"学生四人一组,给出了答案,听取了他人的观点,然后独立完成写作题目"可能产生的后果如何引导你的决策"。

道格和南希也定期通过构建有争议的话题让高中生接触不同的观点。在九年级学生学习医疗的道德和法律问题这一单元时,我们要求各小组进行情境分析,所分析的情景来自于劳伦斯·科尔伯格所采用的用于测量道德发展阶段的经典方法。在这个故事里,一个男人闯进药店为他身患重病的妻子偷用来救命的药,因为他买不起,我们要求学生从这个男人、患病的妻子、药店主人、药品公司代表和警察等不同人的角度认真思考这一困境。这个活动采用切块拼接法,以五人为一组的常规小组每个成员都扮演这一情景下的不同角色。然后,不同小组中扮演同一角色的学生将走到一起，写出他们的论据。

对于中学生的语言技巧要求包括能够在思考与写作时采用修辞手法，以便对复杂的话题进行缜密的分析。经典的修辞形式——人格（ethos，作者的可信度）、逻辑（logos，使用事实和原因支持某种主张）和情感（pathos，通过煽情达到演讲目的），是多数文章的写作框架，最早可以追溯到亚里士多德时代。这些论证方法构成了从科学到艺术等诸多领域必要的正规学术写作的基础，他们给教师提供了非常有用的方法，把学生引入对同一事物的不同观点中。

许多学生会把他们的论述建立在简单的情感诉求的基础之上，但对于使用可信度（ethos）和逻辑推理（logos）构建观点方面却没有什么经验，这就是道格和南希经常给学生机会，让他们进行论证，并听取同伴观点的原因。在扮演同一角色的学生临时组成的小组中，学生使用以上三种修辞方法进行论证，然后回到常规小组中听取其他角色进行观点论证。

学生在常规小组进行有关人格、情感和逻辑论证时所做的注释为随后的全班大讨论打下了基础。小组成员回到相同角色组成的临时小组，给出他们的理由，为什么闯进药店的男人应该受到审判，或者为什么所有指控应该被撤回。在辩论过程中，我们会评估正面论证和反面论证的效用。在最后一节课上，每名学生都要写一篇表达个人观点的文章，并用论证的三种方法支撑自己的立场。

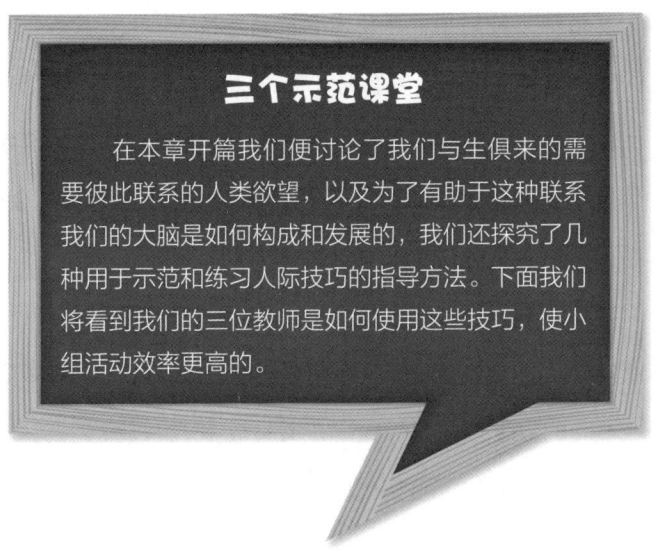

三个示范课堂

在本章开篇我们便讨论了我们与生俱来的需要彼此联系的人类欲望,以及为了有助于这种联系我们的大脑是如何构成和发展的,我们还探究了几种用于示范和练习人际技巧的指导方法。下面我们将看到我们的三位教师是如何使用这些技巧,使小组活动效率更高的。

小学数学课·艾伦老师

阿依达·艾伦的幼儿园学生对他们日益增长的数字知识以及知道如何做加法颇为自豪。经过一年的时间,通过短时间的合作学习活动,学生已经建立了对数字的感觉,并形成了计算能力,这些活动还给幼儿园小朋友提供了发展社交技能的机会。他们最喜欢的一个活动叫作"忙碌的小蜜蜂"。活动开始时,艾伦老师给每个孩子一个从一到五的可以连锁的立方体,孩子们一手拿着立方体,另一只手拿着书写板和记号笔。然后,她让学生站在教室中间,并提醒他们活动规则:

艾伦老师:记住,你们都是忙碌的小蜜蜂,但要飞得很慢。这就是说,谁都不许撞到另一只小蜜蜂。

罗伯特：撞到了，会伤害它们的感情。

艾伦老师：是的，罗伯特，能关注他人的感情，这很好。记住当你看到同伴时，要说"你好"，还要说出对方的名字。当你做了上面的事情后，要说"谢谢"，而且要加上对方的名字，人们喜欢听到别人叫他们的名字。

艾伦老师继续解释今天的任务——和另一个小朋友合作，把她和这位小朋友之间的数加起来。"你们要做五次计算，"她解释道，"每次都加上不同的数字，并把等式写在书写板上。"

当艾伦老师说："忙碌的小蜜蜂，飞起来！"小朋友们便开始拖着脚走动，模仿小蜜蜂发出嗡嗡声。当她说："忙碌的小蜜蜂，降落！"他们便会停止移动和发声，去问候他们的同伴。他们随后便把两个人的立方体锁在一起，在写字板上写下等式。"要乐于助人！"艾伦老师提醒他们，"确保你的小蜜蜂伙伴写下的答案是正确的。"

在这个过程重复了四次之后，她告诉小朋友们："飞回家！"他们便回到自己的座位上。虽然每次合作的时间很短，但艾伦老师对于人际技巧的关注，创建了互助的积极环境，使合作学习效率更高。

中学语文课·伏戈尔老师

在凯西·伏戈尔老师的七年级语文课上，学生们正在写自传，将其看作是自我发现的一种途径。伏戈尔老师在这一单元开始时，把一个军用大提箱拖进了教室，并请学生猜一猜这个提箱的用处。那之后的每一天，她都从箱子里拿出一件物品，并讲一个自己和这件物品有关系的故事,每件物品都代表了她生活中的一次重要事件。

讲完故事后,她会把它写下来,用边写边自言自语的方法向学生示范她的写作过程。写完后,她会要求学生针对她的自传给出反馈,这样她就可以做进一步改进。"我不需要他们改编,"她说,"我需要他们作为读者提出问题,这样就可以帮助作者重新思考他的想法。"最后,她组织学生进行全班讨论,捕捉学生对于同伴回应看起来是什么样子以及听起来是什么样子这一问题的见解。她还构建了十字分类图,记录下他们的细则(例如:在单独一页纸上做注释,而不是在整个故事上;分享经验等)。

在随后的几周里,学生两人一组,向对方征求有关他们自传稿的建议。他们使用由全班学生制作的T形图来规范他们对于同伴回应的讨论,而且伏戈尔老师在每份自传稿评论会开始时,都会强化复习一次十字分类图。因为伏戈尔老师会花时间帮助学生明确并提高他们回应同伴的技巧,所以他们会从小组活动中学到更多,进而写出更好的自传。

高中历史课·吉布斯老师

由学生组织的研讨会是布莱恩·吉布斯老师课程体系中富有意义的常规组成部分。

这类研讨会为学生提供了机会,让他们展示所知道的东西,澄清误解并找到知识的漏洞。除此以外,研讨会还能让学生最大限度地投入进来,也是每个单元的学习中学生期待的部分。

这类研讨会通常有两种形式：人物观点研讨会和个人观点研讨会。人物观点研讨会前面我们已经涉及过，指学生从被指定的历史人物的视角提出自己的立场并回答问题。个人观点研讨会，顾名思义，是指学生从个人观点出发讨论、证实他们的想法。在学生投入到有效的讨论中之前，他们还需要学习并练习小组讨论技巧，比如积极地倾听、有建设性地表达异议、锁定主题、给他人机会表达观点、用事实支持所陈述的观点和鼓励同伴。

吉布斯老师之前已经把以上技巧教给了学生，在这一年年初，学生集思广益，并把他们认为对高效小组讨论有价值的行为列了出来。学生列完后，吉布斯老师要求学生讨论这类行为"看起来是什么样子"，"听上去又是什么样子"。例如，虽然学生通常情况下会把倾听列为良性讨论的重要组成部分，但是很少有人要求他们想一想，当某人在倾听时究竟是怎样一个情景。在要求学生描述合格的倾听者都会说什么（表述明确、提出后续问题）以及做什么（身体向前倾斜、有眼神交流）后，吉布斯老师通过模拟访谈向学生示范了这些技巧，在访谈过程中他会不时暂停，让学生讨论他们所看到的倾听式行为。

最后，他会给学生机会，让他们和同伴演练这些技巧。学生的倾听技巧和语言水平不同，小组规模也会有变化，可以是采用"思考与分享"模式的两人小组，也可以是由老师主持的大型讨论。在整个练习过程中，吉布斯老师会暂停他们的讨论，要求学生评估一下他们作为听者表现如何，并和学生分享自己的观察结果。

在整个班级都开始参与到人物和个人观点研讨会中时，吉布斯老师会继续就他们的讨论技巧给出评价和反馈，他会使用服务于讨论的网状思维导图。研讨会当天，所有学生都围成一个大圈，回顾他们为讨论准备的问题。与此同时，吉布斯老师会照着这个讨论圈画一张"地图"，先在纸上画一个圈，然后在圈外按照座序标出学生的名字。讨论一开始，吉布斯老师便把笔放在首位发言学生的名字下面。当第二名学生发言时，他会在第一名学生和第二名学生之间画一条线，然后从第二名学生画到第三名学生，以此类推。在讨论结束后，纸上的连线看起来就像一张蜘蛛网。

下课后，吉布斯老师给每名学生复制了一份讨论网状图，第二天要求学生看着这张图并思考，关于他们的参与情况这张表说明了什么。他们是否垄断了讨论（比如，他们的名字下面有很多连线）或者根本没有参与进来（名字下面没有连线）。这个讨论网状图在反应学生的问题时是非常有价值的工具，它让吉布斯老师获得了有关学生的信息，这样在制定参与目标时，他就会知道哪些学生需要帮助或者鼓励。一位学生这样描述了她的感受："在年初我还有些恐惧，过去我们坐在教室里听老师说，"她解释道，"我认为没有人会想听我说。"她还描述了吉布斯老师在开始时是如何鼓励她在一次讨论中至少和大家分享一件事的。"现在，"她说，"我可以泰然自若地和全班同学分享我的想法了。"

第六章
引导学生总结合作学习经验

有着传奇色彩的加州大学洛杉矶分校退役教练约翰·伍登在教导年轻人方面能力出众，而且自己也拥有无人匹敌的赢球纪录。他以前的球员曾经充满深情地谈及这位教练在球场内外都适用的成功理念，这些成功精髓包括"失败的准备就是准备失败"和"小事成就大事"等。总之，伍登教练明白，学习是一个持续的过程，思考已经发生了的事和完成任务本身一样重要。用他的话说："你所学到的东西就是你意识到的重要的事。"然而在课堂上，我们却常常忽视这个原则，仓促地继续学习下一个单元。伍登也许会这样警示我们："速度要快，但不要仓促。"

当谈到构建学生从事高效小组活动的技巧时，让学生在完成任务后有机会思考其从中获得的经验是至关重要的，他们应该花些时间去审视自己做了哪些贡献，以及他的组员做了哪些贡献。只有当学生讨论与评价他们的互动，为了实现目标所取得的进展，哪些努力有用，哪些没用，并能继续探讨他们将来会做出哪些改变的时候，小组活动才能得到提升。

小组可以有许多途径用来评价他们的进展和交流思想，其中总结合作经验就是一种非常简便的方法，只要记下小组所做的鼓励同学参与活动的一件事，注明某位成员提出的让小组工作取得进展的建议，评估小组有的放矢地使用某种技巧的成效如何，或确定下次小组可以做得更好的一件事，就可以了。

总结有益于学生大脑的发育

总结经验是合作学习的关键组成部分，其不仅对于构建小组活动技巧有帮助，对于发展元认知、反思个人学习的能力也是大有裨益。元认知的一个关键要素就是能够针对一项学习任务制定出一套方案，并能执行这套方案。

教师们知道，元认知技巧是经过多年时间慢慢形成的，学生执行功能的形成也同样需要一个长时间的过程。近年来，你也许见过这个词，执行功能也许是指与学生难以形成决策、计划和组织能力这一障碍相关的术语。执行功能表示在环境改变或是发生意外状况时所特别需要的一系列能力。执行功能有困难的学生对于熟悉的任务也许能执行得很好，对于新任务或者需要他们用新方式使用技巧而完成的任务却疲于应对。想一想高效小组合作学习是如何运作的，其中伴随的新奇性与不确定性需要这类学习者付出巨大的努力。

脑成像研究结果表明，在运用执行功能完成任务时所用到的大量神经网络位于前额皮质（前额颞叶），这部分随着人年龄的逐渐增长会慢慢发育。神经元之间通过传输电脉冲进行交流，电脉冲激发大脑释放被称为神经递质的分子。正如我们在第四章谈到的那样，当神经元被名为髓磷脂的绝缘套包起来时，神经元交流的速度会大幅提升。当神经反复受到活动刺激，比如练习几个小时钢琴，髓磷脂就会变厚，髓磷脂越厚，信号传输就越快。大脑神经网络和髓磷脂的发育基本上是从后向前进行的，所以前额皮质要到少年和青年阶段才能发育成熟。在十一二岁时，大脑神经元（脑灰质）数量达到峰值，随后便开始衰减。随着儿童进入青少年阶段，不常使用的神经网络会被快速清除，而经常使用的路径会形成更多的髓鞘。所有以上的增加与缩减也许能够帮助我们解释，为什么青少年在某一刻表现得非常成熟，下一刻似乎又丧失了所有常识。

神经科学文献支持关于学生需要时间和多种机会发展元认知和执行技巧的行为研究结论。对于这一点，你也许会摇头否定，因为你知道自己之前教给了学生某种技巧，但请记住，你所做的正是在铸就学生的髓磷脂。如果没有来自外部的指导方法来培养元认知和执行功能，学生若想要形成这些能力会非常艰难。

总结合作学习经验的方法

教师可以使用几种方法来帮助小组成员加工经验，其中，我们特别推荐的有三种方法，包括自我监控问卷、学习日志和圆桌活动。

自我监控问卷

为了有的放矢地进行小组信息加工，学生首先必须能够反思自己的学习情况。自我监控，有时被称为自我管理，包括制定目标与评估进展，辨别解决问题的技巧和描述促进或阻碍他们学习的行为。自我监控还与从一种情景转换到另一种情景所做出的技巧转换相关联，这也是执行功能的部分内容。

虽然这些监控行为听起来似乎很复杂，但是为了适应学生的发展阶段，可以对其进行简化。例如，小学生可以画些微笑和不悦的表情符号来回应他们的学习问题，而年纪稍长的学生也许可以用李克特量表（Likert Scale）来评估他们的进步（两种方法示例见图6.1）。

高中老师常常容许学生就问卷给出开放式回复或者提出开放式的方案。我们很喜欢下面这个为研究四年级到十二年级学生的自我监控所设计的问题。

完成了一天的学习，回到家后，你正在复习和预习课程。可是，你总是想做其他的事，于是当你认为自己已经学得可以了的时候，你就不学习了。那么，你怎么知道自己已经准备好明天的功课了呢？

明天课堂上将进行期末考试，最近这些天，你一直在为这次考试做准备。可是，你总是想做其他的事，于是当你认为自己已经复习好了的时候，你就不学习了。那么，你怎么知道自己已经为这次考试做好了准备呢？

这样的开放式问题融合了学习的几个元素，包括学习习

图6.1 小学生自我监控问卷

对于年幼的学生

我今天达到了学习目标。

我让自己成为一名学习者。

我帮助别人学习。

对于年长的学生

我今天制定了学习目标并且实现了这个目标。
（还未实现）1　　2　　3　　4　　5（已实现）

在课堂上有疑问时，我会问同组成员或老师。
（还未实现）1　　2　　3　　4　　5（已实现）

我已经为下一次测验做好了学习计划。
（还未实现）1　　2　　3　　4　　5（已实现）

惯、努力程度并把文本与人作为问题内容。与答案固定的封闭式问题结合起来，这些问题能够激活老师和学生大脑中的重要习惯，这类自省式问卷为小组进行经验加工时所进行的讨论打下了普遍的基础。

学习日志

设计学习日志是为了鼓励学生记录他们连续几天或是几个星期的学习情况。这和记日记相似，学习日志是要在学生反思自己的领悟、发现疑问时或有问题时，及时捕捉到这些时刻。正如这一领域的研究者珍妮·K. 怀特写道："（我的学习日志）是和自己在纸面上讨论。"

学习日志在诸多行业已经进入实践阶段，这些领域包括教育、法律和医学。尤其值得一提的是，学习日志已经受到广泛重视，被视为学习者在习得新技能和判断事物的方法时提升自我反思能力的一种途径。然而，其价值只有当学习日志作为自省工具时才能实现，而不是经验的简单记录。

学习日志记录内容的参数依据学生年纪与相关教学目的和学科特性而设定。年幼的学生更倾向于使用图像来展示他们的学习状况，比如用图解说明他们对所生活社区的地形了解日益增多。讲授阅读与语言艺术的老师们通常倾向于在记日志时要求学生使用分割式笔记，学生在每页日志的右边一栏写学习笔记，在复习这些笔记之后，再在左边一栏写下针对这些笔记所提出的问题。理科学生往往会在日志中做大量阐述，比如，对动物和植物结构进行细致的对比性描述。而与之相比，较为传统的学习日志是基于文本的，而且每个文本都要标注日期。在许多情况下，教师会给学生提出问题以供他们在日志中进行反思，并组织语言进行回复。例如：

你今天学到的最有趣的事情是什么？你是怎么学的？是

通过阅读、行动还是讨论？

描述三种今天有助于你记忆信息的方法。

你今天在哪些事情上帮助了别人？

你觉得困惑的事情是什么？为了消除这一困惑，下一步你打算怎么做？

这个话题在那些方面与你之前在这个课上学到的东西有相关性？或者你与另一节课上学到的东西有相关性？

你的学习计划是什么？

但是，请记住，如果学习者没有计划复习浏览这些条目，学习日志的价值就会减少。而对于这类复习，没有比小组经验加工时的讨论更合适的场合了。在小组加工讨论经验时，对于日志的使用方法非常简单，不过是要求学生用日志来支撑他们对于自己或小组学习的论述。例如，小组进行经验加工的一个问题是学生都用哪些方法帮助小组其他成员，这时就可以从学习日志里面找到相关证据。教师通过要求学生反复浏览他们的日志条目创建了自省式思考所需要的各种条件，学生可以从中看到自己在这段时间出现的各种行为模式，或者发现他们在特定领域有了哪些成长与提高。老师甚至要求学生用不同颜色的荧光笔分类标注他们的回复，例如，他们可以用绿色笔标注学习证据，用黄色标注问题或有困惑的地方，用粉色标注他们形成了自己的一套学习方法的时间。这些模式的日志练习让各小组学习者之间的谈话内容更丰富，更能反映自身的问题。

圆桌活动

在2001年出版的《让任务小组在你的世界里发挥作用》(*Making Task Groups Work in Your World*)中,齐勒基和多尼吉安认为,虽然反思和课后报告对于小组活动非常关键,但因为对于任务本身的关注被视为是最重要的,所以小组经验加工常常被忽视。他们还描述了许多小组对于反思的厌恶之情,比如"惧怕这种揭示自我的情绪化时刻"。有趣的是,虽然这本书准确地描述了现在课堂上出现的情况,尤其在中学里,其针对的读者群却是商业人士。他们建议使用圆桌活动这种方式,让每位成员反思他们的小组活动,他们提出以下话题以供讨论:

- 说出让你觉得惊讶或困惑的事。
- 明确你所学到的并能运用在其他课上的东西。
- 描述你为准备下一个任务将要做的一件事。
- 说出对你发挥作用的一种方法,对你没有用的方法。
- 谈一谈我们要庆贺的一件事。

十二年级教师哈洛伦让他的学生进行了一整年的小组合作学习,要求学生学完每一单元后都要进行圆桌活动。"我是在让他们为大学课堂做准备,"他解释说,"我知道,到了明年,他们最终会依赖于这种小组学习的凝聚力。"在每次重要考试的前一天,每个学习小组都会花上15分钟时间,讨论与他们合作方式相关的重点问题。"我想要他们关注自己的学习情况,并且想一想他们都为这个小组做了哪些贡献。"哈洛伦说。当第二天学生考试时,发现有两道题是与他们的学习习惯和小组活动有关的。第一个问题是要求他们汇报独自学习的时间总量和课外小组学习的时间总量（据哈洛伦老师所说，他们的回答非常中肯），第二个问题是要求他们估计一下这次考试会得到多少分。"这种方式很好，我可以看到他们对自我的评估与他们的考试发挥情况是多么地接近，"哈洛伦老师解释道，"我想要他们明白，数学能力并不是与生俱来的东西，是你投入的时间与努力的聚合体。"

> ### 三个示范课堂
>
> 三位教师都明白，反思是使小组活动发挥成效的重要因素，所以他们把小组经验加工融入小组活动中。他们在整个长期任务进行的过程中，给学生时间评估自己的努力情况，并通过提示问题、使用评价量规和学习日志设定具体反思和商讨的次数，为学生自我评价提供支持和指导。他们的努力为学生提供了机会，让他们了解作为学习者的自己并设定目标提升自己。

小学语文课·艾伦老师

在她的学生五年级时，阿伊达·艾伦老师引入了"文学圈教学法"来帮助学生针对较长的文本进行意义深刻的讨论。她对于在课堂上培养多重选择很感兴趣，发现她的指导方法在满足学生兴趣需求方面成效明显。每隔2~3个星期，她会简要描述那些有着共同主题的书，这些书都是她在某一阅读水平范围内甄选出来的，对每本书都做了简要概述。例如，在关于西进运动那一单元的社会研究中，她选择了帕姆·瑞安·赖安的《驶向自由》、克里斯蒂娜·格雷戈里的《穿越宽阔而寂寞的大草原：哈蒂·坎贝尔的俄勒冈沿途日记》、卡萝尔·赖利·布林克的《凯蒂·伍德朗》、帕姆·康拉德的《草原景象：所罗门·布彻的生平与时代》和斯科特·奥戴尔的《月光下的歌谣》，以上系列的书展现了与不同性别、地域和立场相关的视角，包括小说和写实作品。学生在听了老师对于每一本书的介绍后，根据自己的喜好对这些书进行排序，最后由艾伦老师决定每个小组的构成。她之所以这样做，是为了确保文学圈的每位小组成员所读作品的难度适合他们自己（通过这样做，按照兴趣和准备程度区分任务）。如果某位学生想读的书对于他们而言难度太大，她会引导学生改选更适合他的第二或第三个选择。

因为每换一个新话题，读书小组就要重新组合，所以在这一整年中，她的学生必须与形形色色的同班同学合作，小组构成的不断改变使学生反思自我学习和与他人讨论自我学习的能力受到了挑战。为了进一步提升关于学生参与情况的反思式谈话的质量，艾伦老师还在每个小组中设置了"讨论组长"的角色来协助小组经验加工的顺利进行。每个星期五，艾伦老师会给这一天担任讨论组长的学生一张问题列表，让他们把问题带到各小组中。在学习关于向西扩张那一单元期间的一个星期五，各小组拿到了以下问题：

1. 这个星期最好的一次讨论是什么？为什么？
2. 最艰难的一次讨论是哪一次？为什么？
3. 我们将如何运用从最好的讨论和最艰难的讨论中所学到的经验，在下个星期提升讨论质量？

读了《驶向自由》那本书的学生们就哪一次才是他们最好的讨论很快达成了一致，他们认为最好的讨论就是星期三那次，他们见面后，讨论了主人公夏洛特向其他书中人物证实自己是一个女孩子，之前都是女扮男装的那一章。"我迫不及待地想和你们讨论，"克里斯多夫对小组其他成员说，"因为我想要听听你们的想法。"在回忆了星期三最棒的讨论几分钟之后，小组讨论组长贝托提出了第二个问题，即哪一次是最艰难的讨论，沉默了许久，阿德里亚娜说："我觉得应该是星期一那一次讨论。"她随后坦承自己那个周末忘记了读那一章，所以那一天的讨论她事实上并没有参与进去。另外两名学生随即也对此表示了认同，他们难堪地笑了笑。"我们让对方失望了，这样做是不符合合作学习规则的，"贝托评论道，"你不可能讨论一本自己读都没读过的书。"

中学人文课·伏戈尔老师

虽然学生都已经表演了他们的"拉里·金现场访谈"节目，但对于凯西·伏戈尔老师七年级人文课上的学生而言，这一任务的工作还尚未结束。伏戈尔老师使用学生在任务开始之初自主制定的展示标准（见图6.2）来评价学生的访谈节目，现在她要求每对合作小组也对彼此小组的表现进行评价。伏戈尔老师录下了这些访谈节目，这样他们的合作小组就可以观看他们的表现并使用评价量规对他们的工作进行全面讨论。这些评价量规给合作小组提供了用以进行对话的共同语言和起点，一旦这个活动启动，学生就已经准备好着手小组讨论中更有价值的部分了：反思哪些工作发挥了作用，哪些没有发挥作用，以及下次可以做哪些改变。

伏戈尔老师还要求合作者使用他们的学习日志笔记来支撑他们对

图6.2　表演评定标准

因　素	专业表现	熟练表现	初级表现
声　音	清晰有力	音量和清晰度还可以接受	声音小，不清晰
词　汇	始终与受访者一致	有些与受访者一致	与受访者完全不一致
非语言交流	手势和面部表情一直很坚定，增强了采访效果	明显尝试运用手势和表情，对采访有一定帮助	缺少非语言交流，对采访没有帮助
表　演	符合角色，有效运用道具，自然可信	大多数时间符合角色，比较自然可信	不符合角色，不是可信的表演

于合作方式的评论。在这之前，在合作小组展示访谈节目的过程中，学生已经就访谈做了笔记，这些日志包括对于在整个任务过程中所布置的反思问题的反馈。在不同阶段，伏戈尔老师会要求学生思考他们都做了哪些工作来帮助自己，并和他们的同伴讨论进而发现让他/她觉得困惑的事。在小组进行经验加工的过程中，这些笔记可以帮助他们弄清楚对于同伴记忆模糊的地方，因为即便是这些同伴，也无法准确回忆起自己在特定时间的工作状态。把影像资料、评价量规以及学习日志结合起来，可以帮助同伴把反思式讨论的重点放在学习事实上，进而提升元认知意识。在学生为未来工作制订计划时，这种反馈能够鼓励学生继续提高自己。

高中历史课·吉布斯老师

对于布莱恩·吉布斯老师而言，在每一学年初的第一次小组活动中，他就已经开始教学生认识对自己和小组行为进行审查的重要性和价值了。在学生进行合作的过程中，吉布斯老师会在各小组之间来回走动，记录学生的互动情况、评论各小组的行为模式。在全班大讨论结束后，他会要求学生对以下四个问题进行书面回复：

1. 我做了哪些贡献？
2. 我还可以做哪些贡献？
3. 在我们的小组中，哪些工作发挥了作用？
4. 我们本可以做得更好的一件事是什么？

吉布斯老师随后分享了他的观察结果，对于第一次揭示自省和小组反思，他还是比较谨慎的，但还是建立了可以在整个课程中反复使用的模式。

在一年的学习中，吉布斯老师不断变换着他所使用的个体和小组评估方式。其中，修改用以评估最后一个任务的标准，使这些评估标准成为自我监控的工具，被证实是非常有效的技巧，学生因此得以衡量他们在工作时整个小组所取得的进展。例如，在学习了墨西哥革命这一单元的部分内容后，老师给每个小组指定了一个历史人物，并要求各小组对其进行透彻的研究并能够超越广为人知的历史事件，挖掘历史人物最真实的一面。学生们探究了是什么鼓舞他们所研究的人物成为一名英雄，并制作真人模型，在把这个模型展示给全班同学时，讲述了他们对这个人物的理解。例如，对于是什么激励艾米里亚诺·萨帕塔为墨西哥农民的土地改革而战斗这个问题，一个小组为了展现他们的见解，把一个纸做的心脏贴在了真人模型的身上。在纸质心脏的背面，他们列举了萨帕塔的一些童年逸事，他们认为正是这些事促使萨帕塔成为后来的领袖：他见证了日益加剧的极度贫穷生活，亲眼看到了村民与地主之间的冲突，据说他能流畅地使用土著人的纳瓦特尔语。

吉布斯老师把他计划用来评估小组最后产出任务和课堂展示的评价表修改成小组经验加工的工具，为了帮助小组评估他们在一起合作的效果如何，他把问题编辑到评价表中，把这个表格叫作"小组进展报告"（见图6.3）。

各小组定期用以上表格评估他们的工作进展情况，并和吉布斯老师一同评估他们自己的工作质量和合作效果，讨论如何及时更正研究方向。通过在项目中进行小组经验加工——审查在这个过程中的每一个阶段，哪些工作发挥了作用，以及还有哪些需要改善的地方，学生能够检验出小组互动方式的改变如何影响了他们的效率和学习质量。

图6.3 小组进展报告及评价表

小组名称：	你的名字：
	检查日期：

A. 最重要的事实

从所研究的历史人物生平中选择最重要的10件事，这10件事要真实且具有说服力，描述这位人物在历史中的重要性，至少要用10句完整的句子进行描述。

存在重要缺陷	存在一定不足	兼具优势与不足	存在一定优势	存在重要优势
1	2	3	4	5

我们组正在做一些具体工作，这些工作对这一部分学习产生了很好的效果。它们包括：

我有一些具体建议，可以用来提升这部分任务的完成质量，这些建议包括：

（续表）

检查日期：

B. 主体部分

所选择的五个主体部分让我们深度理解了为什么所研究的革命人物做出了那些选择，并且帮助我们理解了他/她所看见的事情，他/她心中的理想和正在思考的问题，等等。主体部分通过标识和文字阐述你的理解，每部分至少用了8句文笔考究、深思熟虑的句子进行解释。

存在重要缺陷	存在一定不足	兼具优势与不足	存在一定优势	存在重要优势
1	2	3	4	5

我们组正在做一些具体工作，这些工作对这一部分学习产生了很好的效果，它们包括：

我有一些具体建议，可以用来提升这部分任务的完成质量，这些建议包括：

（续表）

C. 你所研究的人物为什么是个英雄？

用事实论据来证明你所研究的人物是个英雄。

存在重要缺陷	存在一定不足	兼具优势与不足	存在一定优势	存在重要优势
1	2	3	4	5

检查日期：_____

我们组正在做一些具体工作，这些工作对这一部分学习产生了很好的效果，它们包括：

我有一些具体建议，可以用来提升这部分任务的完成质量，这些建议包括：

（续表）

D. 人物				
你所创造的墨西哥革命人物在每个方面都表现得栩栩如生，且具有艺术美感。				
存在重要缺陷	存在一定不足	兼具优势与不足	存在一定优势	存在重要优势
1	2	3	4	5

检查日期：_____

我们组正在做一些具体工作，这些工作对这一部分学习产生了很好的效果，它们包括：

我有一些具体建议，可以用来提升这部分任务的完成质量，这些建议包括：

（续表）

E. 阐述与解释

学生表述清楚到位，每位小组成员发言持续时间相同，学生能够回答所有提出的问题。

检查日期：_____

存在重要缺陷	存在一定不足	兼具优势与不足	存在一定优势	存在重要优势
1	2	3	4	5

我们组正在做一些具体工作，这些工作对这一部分学习产生了很好的效果，它们包括：

我有一些具体建议，可以用来提升这部分任务的完成质量，这些建议包括：

第七章
小组合作学习问题解答

我们已经深入探讨了如何计划、指导以及评估高效小组活动，下面我们将回答教师常常提出的有关小组活动的、我们力所能及的问题。以下问题都是围绕着教师们的三个顾虑展开的：如何组合小组、如何为小组活动提供材料以及如何把小组活动引入到课堂上。我们希望这些问题的答案能为你启动高效小组活动提供一些较实用的途径。

如何将学生分组

学生的能力不是分组依据

在高效小组活动中不应该按能力对学生进行分类，事实上，基于能力进行分类的小组或者同质性小组与小组活动效率是背道而驰的。正如我们在前言中提到的那样，一般情况下，集体的智慧总会超越个人。在某些互动环节中，小组成员彼此分享信息和经验，进而构建彼此的背景知识。

对基于能力进行分类的小组所进行的"跟踪"研究表明，这一做法并不能让小组取得进步，而且甚至可能对学生的自信心和自身能力的发挥造成危害。我们也应该认识到，在离开学校后，多数人群都不是根据能力进行分类的。在工作场合，团队进行互动并有效工作的方式五花八门，工作情景也会变换不定。在多数机构中，你更不可能选择你所在的部门或项目小组的成员，能够与技能水平、兴趣爱好和才华禀赋各不相同的人合作是成功的关键。

然而，这并不是说，即便在基础能力各不相同的课堂上也不可以按能力进行分类。当老师亲临指导时——我们指的是老师和各小组同在实体课堂上时，把有着共同学习需求的学生分在一组是有道理的，因为这样老师就可以对整个小组进行更多的指导并引导学生进行实践，或者进行有的放矢的帮助。在老师对某项任务进行分类以对学生进行因材施教的指导时，这时同质小组也是可以存在的——这里的学习活动是指设计不同的小组活动以帮助基础水平不同的学生掌握同一项内容。比如，某位教师可以设计文学圈活动，在这个活动中，即便是同质小组也会使用不同套材料，从已经筛选好了的满足每位小组成员各自阅读水平的一系列文本中选择不同的阅读材料。

混合能力分组的最好方式

多数教师都知道，有大量研究证实了同质小组存在着诸多问题，尤其是这些研究证实，在同质小组中，学习困难的学习者所取得的进步水平会受到压制，不仅如此，构成差的同质小组还可能具有毁灭性。

这种情况有时尤其严重，正如贝内特与卡斯所发现的，当小组中学习能力较强的学生数量高于学习能力较弱的学生时，在活动中就会有这样的趋势，即大多数学生控制并完成了任务，根本不考虑其他成员的情况，而这些成员他们需要更多时间和不断反复才能掌握。事实上，这些研究人员还发现，当小组构成比例是每一位学习能力强的学生对应两位学习能力相对弱的学生时，他们之间会进行更多的对话。

混合小组最普遍的构成方式有三种：学生选择、随机组合和由教师选择。允许学生构成自己的团队——比如，基于共同的兴趣爱好，可以成为提高学生参与任务积极性的一种途径。学生自行选择组合的小组，在进行必须在校外才能完成的任务时，由于其对实践能力要求较高，通常都会运作良好，住得很近的同学或者已经是朋友的同学放学后或周末更容易聚到一起完成任务。然而，学生自行选择组合对于高效小组活动来说也可能存在一定问题。理想的状态是，每个小组的学生都有着广泛的兴趣和技能，但当学生选择他们将与谁工作或做什么时，这种理想的组合状态便不一定会发生。

当一定范围内的同伴互动有助于任务目标的实现时，任意组合的小组是可以运作良好的，比如，小组任务是启发彼此的观点和意见时。说到这里就会发现，任意组合的小组与学生自行组合的小组其实有着相同的弊端——这种类型的小组可能经验范围不足，兴趣爱好过于单一，最终难以实现任务目标。

这就是为什么我们一般情况下会推荐教师选择的组合，并常常使用通用的评价系统来规范小组活动。这就需要教师回顾之前收集的评估数据，并依据学生的学习成绩和社交技巧进行排名，生成最终的综合分数。例如，我们可能把一名学生的学业成绩排在第一名，但社交技能排在第二十一名，综合排名第二十二。

以下就是教师选择组合的运作机制。为了组合小组，需要参考综合分数，按照分数从高到低进行排名，并把这份名单均分为两部分。例如，排名1~15的学生在第一份名单上，16~30的学生在第二份名单上。分为两人一组时，排名1和16的学生一组，2和17的学生一组，以此类推。当把四人分在一组时，你可以把排名1、2、16，和17的学生分在一起；3、4、18和19分在一起，以此类推。用这种方法分在一组的学生是不同质的，但差距又不至于大到难以弥合。当然，在这一过程中，还要一直从可操作性的角度审视通过排名体系构成小组的诸多因素，比如学生是否合得来。如果两个学生有冲突，或者过去就很难在一起合作，把他们放在一组就不是什么好主意了。虽然不能保证万无一失，但这种方法的确能够成为用系统的方法组成小组的起点。

3~5人组成一个小组

我们的经验是每组四名学生，当然，我们也认识到，在课堂上不可能一直都是四人一组。也许会有一两个组是五人一组或者三人一组的情况。我们一般不会把两个学生分在一组，除非我们专门从事两人一组的合作学习。

我们的经验在以下研究成果中也有所体现，小组规模越大，被排除在对话之外的学生数量就越多。作为教师，我们需要让小组人数保持在小规模范围内，确保每位学生都能从参与活动中获益。

完成任务所需要的时长也是要考虑的一个重要因素，一般说来，任务时长越短的任务所需要的小组规模越小，这是因为如果不能限定规模，就没有足够的时间让每位成员都输入观点和信息。因此，短时讨论对于两人一组的团队来说最有效，因为两分钟的时限也不够三四个人表达个人观点。而长期项目（尤其是那些持续一周甚至更长时间的项目）可以容许五到六名学生一组，因为他们有更多机会进行互动。

四人组是最佳规模，因为大家可以各抒己见，各有所长，而且社交行为可以得到一定缓冲，最终产出高质量的任务成果，然而，小组规模最终还是要由任务或项目本身的性质来决定。一个"双人讨论"小组只需要两名学生，而探戈舞发展史研究也许需要一个五人小组才能完成：两对舞者和一位讲述历史的主持人。

小组合作学习的时间

这是一个很复杂的问题，答案在很大程度上要由学生在高效小组活动中所完成的任务类型决定。有些任务只是一次就能完成的活动，任务完成后就要重新分组。而有些任务，比如教学相长的活动和读书俱乐部，则需要学生发展出各种交流模式，因此小组在一起合作的时间应该更长些。对于完成本书中所涉及到的多数这种类型的任务，我们倾向于让小组成员合作的时间安排在六个星期左右。

当然，每位教师都可以在小组间自由调换学生。有时，由于某些行为上的因素要重新组合小组；有时，有些小组就是不能形成凝聚力。

请记住，我们的建议是，应该基于形成性评价的信息进行小组组合。这就意味着，你要定期收集形成性评价数据——通过考试、观察、提问、学生作文、其他项目或表现，来认清学生的理解水平，并在小组进行决策和调整时把这些因素考虑进来。

当小组不能良好运作时，我该怎么做

当你看到某个小组不能运作时，首先要考虑的是，这种困境是否只存在于特定的阶段，比如对于用哪种方法完成任务，小组成员间存在异议。在这种情况下，帮助小组明确他们特定的障碍。在这里，障碍就是做出决定——才是最好的解决办法。

而在有些情况下，也许是任务本身——不明确、难度过大、不够有挑战性，出了问题。这时，就要回到教学设计上来。如果该小组还没有准备好接受这个任务，那么你需要对他们进行进一步指导。如果这样做也没用，就要从认知层面找原因了，示范、示范、再示范。

在某些情境中，小组中的学生之间性格不合也许是小组难以运作的根源。这时，就要考虑重新组合小组，并为缺乏所需要的人际沟通技巧的学生提供更多支持。那些学生也许需要更多的支持模式，比如给出任务卡片或者任务细则检查表。无论采取什么办法，都不能让学生孤军奋战。虽然这也许是最简单的解决途径，却剥夺了学生的学习机会，他们无法习得高效小组活动所需要的必要习惯，这些学生也许就是需要教师做出最多示范和需要更多与他人合作的实践经验的那一部分人。请记住，学校是学生学习团队合作技巧最重要的平台。如果学生在课上没有学习和练习这些技巧，他们也许永远都不会发展出这种能力了。

如何提供小组学习材料

划定小组的学习内容

这里所谓的"内容"如果指所涉及到的主题、目标或标准,那么答案就是"是的",所有小组都应该学习同样的内容。我们赞同卡萝尔·安·汤姆林森的观点,她指出:"让学生所学的东西相对稳定,但与此同时可以变化学习方法以适应学生的需求,这样做是很有益处的。"例如,如果某一节课的学习重点是地壳构造板块,那么教室里所有学生都需要理解板块运动的方式以及这种运动对地球产生的影响,比如造成火山喷发和地震,这是课堂上所有学生必须习得的最核心的知识。虽然为了保证学生达到这个要求,教师采取的教学方法可以根据学生的需求进行调整,但这一要求本身是针对所有人的。固定学习要求对于那些一直以来在通识教育课堂上使用非常规课程体系的学生来说尤为重要,比如不具备学习能力的学生和英语语言学习者。

虽然在课堂上所有学生小组都应该专注于产出同样的学习成果,但要帮助所有学生掌握这一门课,就有必要在教学上做一些调整。我们十分明确地提倡对学习资源和其他材料进行区分使用,以适应学生不断变化的需求、兴趣和技能水平。比如,在十年级的世界历史课上,老师请学生小组研究"二战和大屠杀如何影响了没有参与战争的人们"这个问题。这位老师知道,通过给学生提供多样的信息资源，包括课本、大屠杀幸存者的采访录像、那个时期的信件和日记，可以提升小组讨论的质量。通过提供形式和难度不同的信息资源，她可以保证所有学生都能够在没有损伤内容完整性的情况下获取这些信息。

协调不同能力的学生

这需要教师给异质小组提供多样的学习方法，这样无论学生水平如何都能够参与到小组学习中。对材料进行区别使用就是解决这一问题的途径，对于区别使用这个话题，有大量优质的文献资源，这里只介绍一些想法，希望有助于启动你的教学计划。

选择文本是教师为了帮助学生理解问题能够掌控的最重要的变量之一，也是我们认为的开启差异化小组活动的最佳起点。我们中大多数人都听说过这样一句有关教育的名言："你不可能从一本无法阅读的书中学到很多东西。"然而，现实情况是，全国学生都在定期拿到一些远远超越他们阅读水平的书。当然，这样做的动机是好的，但是有些教师却错误地相信，要求阅读能力处于四年级水平的八年级学生去阅读八年级课本，就会帮助他们更快地赶上来。有些人甚至担心，如果阅读能力差的学生与其他人读的东西不一样，会被落得更远。还有一些教师能够提供给学生的阅读途径极其有限，因此也是疲于应付，所有这些情况的根本问题在于它们阻碍了学生学习。

在特定的课堂上或学习小组中，学生的阅读水平处于某一范围内，这就要求教师在做课程设计时采用不同的方式方法。为了增加实质内容学习的途径，明智的教育实践者会针对四种等级水平做出计划

（两个处于标准等级水平之下，一个达到标准水平，一个处于标准水平之上）。然而，教材是根据指定水平编辑的，这对于那些阅读能力低于标准水平的学生来说就有问题了。对于这些学生而言，当教师布置阅读课本的任务时，他们常常充满挫败感，无法抓住机会去学习知识，他们不仅错过了书中的信息，而且无法完全投入到任何一种基于阅读的小组任务中或后续活动中。阅读的黄金标准就是能够理解，或者说，从书本上的文字中解读出意义。但是，当文本难度使学生备受挫败时（理论数据是阅读正确率处于或低于89%时），理解便会受到影响。当学生被要求阅读让他们产生挫败感的材料时，其处境更是雪上加霜——其阅读能力没有得到提升，同时，对于实质性知识的掌握被同学落得更多了。

在设计高效小组活动的任务时，教师必须要慎重考虑其使用的教学材料，让一群学生凑到一起，绞尽脑汁地解读一本很难的书，绝不是好办法。那么，我们首先应该确定学生用于发展其概念理解能力所需文本的范围和类型，然后再把这些文本融入到我们分配的高效小组活动中。但请记住，课本仅是资料来源的一种，不能囊括课程体系本身。想一想课本所提供给我们的观点视角：课本是在总结课本撰写者所掌握的内容性知识，虽然有价值，但却是作者在编辑课本时对所使用的信息材料进行一定程度删减加工而成的。

我们鼓励教师们在传授实质性信息时，尽可能考虑所有众多的不同途径。尝试在小组活动中要求学生写个人简介、日记、信件或自传，让学生初尝原始信息资源的乐趣。浏览可信度高的、正规机构的网页，上面载有准确的最新信息，并提供各种难度的阅读材料，简单易用。然后创建一个计算机学习站，各组轮流使用，把以上网址加入网页书签以供进一步研究使用。不要忘记把内容丰富的非文本信息资源考虑进来，包括影音视频资料、特邀发言人和到访名胜古迹，让学生有机会在真实生活情境中探索某一主题。

我们还发现，对于许多学生来说，艺术可以成为学习内容性知识的绝佳介入点。少儿文学和年轻人的小说从多种视角探讨了极其广泛的话题并审视了多个历史时期，适合不同阅读水平的读者群，与科学、数学或者社会研究相关的诗歌也可以成为有效的阅读材料。有许多话题各异的诗集，包括天气、季节、昆虫、乘法甚至代数！还有不要忘了图画书，这类书籍为所有学习者，包括年纪大一些的学生，提供了审视囊括所有知识性领域话题的另一种视角，而且还成功地被用在中学课堂上，用来鼓励能动性不足的读者参与到知识性学科的学习中。音乐也被发现是激励学生阅读的一种强有力的方式，我们就见过学生集中注意力阅读歌词，还去查询与他们喜欢的歌曲相关的书。阿尔韦曼和哈古德发现，把对流行音乐的分析引入课堂，不仅能增加学生的兴趣，而且还能强化学生运用批判式思维的技巧，比如分析、综合和评价。

如何介绍小组活动

如何让学生准备好参与到小组活动中

我们的经验证明，教师开始应该使用许多简短的、同伴驱动的小对话，这样就可以培养从事更复杂任务所需要的人际沟通技巧。就好比一脚猛踩在油门上会消耗太多汽油一样，小组活动之初就着手非常复杂的任务，只会使你和你的学习者倍感压力。

  从小组活动的第一天起，就给学生提供多种多样的机会实现成功互动。通过构建支持学术性对话的框架，给学生提供向彼此表达思想时所使用的标准语言。对于年幼的学生，训练重点可以放在话轮转换和倾听技巧上。有时，我们会为给每组成员一个"谈话提示卡片"，在交谈的过程中他们会把这个"卡片"来回传递。对于年龄大一些的学生，我们会鼓励他们使用更加正式的学术语言，将其作为进行深入交谈的一种途径，而且，我们发现这一做法是学术写作、修辞和辩论的重要导入途径。以下就是我们推荐的为高效小组活动讨论准备的语言框架：

解释想法

- 主要想法是_____。
- 我之所以知道是因为_____。
- 这就好像_____与_____不同。

询问对方是否理解

- 我说清楚了吗？
- 有没有让你觉得困惑的地方？
- 你能用自己的话再重复一遍吗？

要求解释清楚

- 你能再解释一遍吗?
- 你能给我看看你是在哪里找到的那条信息吗?
- 我明白_____,但我不明白的是_____,你能帮助我吗?

帮助别人"解围"

- 指给别人看,你是在哪里找到的信息。
- 请别人解释他/她所知道的事。
- 通过其他途径(书、电脑、老师)。
- 请其他人帮助解释这条信息。

礼貌地表示异议

- 我理解你的想法_____,但我认为_____。下面我要解释一下为什么我坚信_____,然后请你告诉我为什么你坚信_____。
- 我同意你的看法,因为_____,但对于_____我并不赞同,有没有可能我们两个的想法都是正确的呢?
- 你的想法很有意思,但对于_____我并不赞同,你能告诉我为什么你认为_____。

借用彼此的想法

- （学生姓名）＿＿＿＿＿＿说＿＿＿＿＿＿，这使我想到了＿＿＿＿＿＿。
- 我们的想法很相似，因为＿＿＿＿＿＿＿＿。
- 我们的想法不一样，因为＿＿＿＿＿＿＿＿。
- 我们可以用＿＿＿＿和＿＿＿＿来解释＿＿＿＿。
- 这个新想法采用了＿＿＿的想法和＿＿＿的想法。

请记住，教师示范对于学生进行有意义的学习对话是必要的。在你引导全班进行讨论时，需要时而暂停下来，对你所使用的这些技巧进行重点讲解。例如，在要求学生进一步解释清楚某一问题后，告诉全班同学："我不确定自己全都理解了。如果还不理解，会接着问问题。"还可以边想边解释你是如何使用特定的语言框架的。用这些结构构建问题，然后让整个班级的学生进行回答。最后，调换位置，允许学生构建问题，并由你来做答。学生提问的时间不需要太久，但这种以设计讨论技巧为目的的常规性示范可以帮助学生构建在小组活动中进行较长时间对话的能力。

如何把小组活动引入到课堂上

教师通常使用以下两种方式开展高效小组活动：各小组的学生从事同一项任务，或者各小组轮流从事不同任务。

后一种方式，可以指研究中心、研讨会、学习站或经验交流会，不一而足，是小学课堂和中学语文课堂的一大特色。这种模式的目的之一就是为老师创造时间，每次为一个小组的学生进行教学指导，与此同时，其他小组仍在进行合作学习。在这一模式下，能够进行有效合作的学生通常都经历了每个星期都要重复的一系列学习体验。教师脑海中会有一个模板（例如，独立学习、文学圈活动、研究或写作），并对模板进行调整以适应课程内容。

当把各种各样的小组活动介绍给学生时——比如文学圈的进行步骤，或者研究中心的活动程序，教师必须很明确地为全班学生展示每种活动是如何运作的，然后再通过有技巧地运用暗示、提醒和提问等方式指导实践。随后学生以小组为单位进行合作，而教师为了解决任何可能出现的问题，需要在各小组间巡视。期间，教师也许还需要再次讲解小组活动进展的步骤或内容，有时两者都需要讲解。每次既要介绍下一种活动模式，同时继续实践前面活动中所学到的经验。根据我们自己在课堂上开展小组活动的经验，在开学之初大约二十天的时间里，我们按顺序示范并实践了五种活动模式，给学生足够的时间，构建能力和持久力。以下便是我们经常使用的小组活动实施日程：

第一天　合作学习课程：小组合作学习的目标是什么？有哪些预期？

第二天　引入第一阶段活动，进行示范课并指导学生实践。

第三天　实践、巡视和评估第一阶段活动观察学生并评价每一个步骤。

第四天　引入第二个阶段活动，进行示范课并指导学生实践。

第五天　实践、巡视和评估第二阶段活动，观察学生并评价每一个步骤。

第六天　实战演练第一阶段活动和第二阶段活动，把全班分为两部分，然后交换活动内容。

第七天　合作学习课程：当你们小组被难住的时候，如何寻求帮助？

第八天　引入第三阶段活动，进行示范课并指导学生实践。

第九天　实践、巡视和评估第三阶段活动，观察学生并评价每一个步骤。

第十天　实战演练第一阶段、第二阶段和第三阶段的活动，引入日程表，完成三次轮换。

第十一天　评价日，实战演练第一、二、三阶段的活动。对个人和小组表现进行评价。

第十二天　合作学习课程：你如何提供、接受、拒绝和寻求帮助？

第十三天　引入第四阶段活动，进行示范课并指导学生实践。

第十四天　实践、巡视和评估第四阶段活动，观察学生并评价每一个步骤。

第十五天　实战演练第一、二、三、四阶段的活动，引入日程表，完成三次轮换。

第十六天　评价日。实战演练第一、二、三、四阶段的活动。对个人和小组表现进行评价。

  第十七天 引入第五阶段活动，进行示范课并指导学生实践。

  第十八天 实践、巡视和评估第五阶段活动，观察学生并评价每一个步骤。

  第十九天 合作学习课：你如何知道自己完成任务了？下一步做什么？

  第二十天 完成五个阶段的合作后，进入教师指导阶段。

  那么，另一种模式的高效小组活动又是怎样的呢？如何让所有小组在同一时间从事同一任务呢？虽然引入这一活动模式的周期较短，但整体的结构框架式与前面介绍的模式是相似的。在开始是进行比较简单的短期任务，示范如何完成任务，指导学生进行实践以明确学生是否已经理解。当学生转入小组活动模式后，教师需要花些时间对学生进行现场指导。如果你发现某种模式出现了问题，就要回到示范教学上来，重新讲授要点，这时，在教学周期中引入小组任务也许为时过早，或者问题出在要求不明确上。不论以上哪种情况，教师的角色始终是确保学生具备他们从事某项任务时所需要的工具。

结 论

我们的朋友简不仅是一名杰出的教师，同时还是人性的敏锐观察者。

正是简引导我们接触了"猫人"的概念。"猫人"指的是我们中喜欢循规蹈矩的人，除非有人促使他们或者劝说他们换种方式做事，否则他们不会做出任何改变的。做一个猫人并无可厚非，事实上，我们多数都属于这类人，多数学生也属于这一类。然而，问题在于，这些倾向、习惯和舒适地带有时会妨碍教与学的有效性，我们拒绝改变的内心深处的某个地方潜伏着一种恐惧。

对失败的恐惧感就是教师课堂上的那只大象——大家对于问题都心知肚明，却很少有人说出来。因为害怕学生失败，我们就会一直采取同样的做法——自己舒服且熟悉的做法，这就是教师不停在课堂上说教，而不是把学习任务交付给学习者的原因所在。虽然教师们也会谈论以学生为中心的课堂教学模式，但由于担心学生缺乏完成任务的技能，便很难迈出开展高效小组活动的第一步。

然而，我们知道，这第一步是值得一试的。我们已经探讨了要求学生彼此互动学习的诸多益处，如果采取合作学习的方式，他们会学从中学到更多，自我感觉更好，更能做到学有所用。我们还讨论了教师能够创建的合适的外部条件，只有在适当条件下，小组活动才能卓有成效，集体的智慧才能超越个人。

理解了合作学习的原则以及在小组活动中培养合作技能的实践方法后，你就准备好了。你了解了使任务具有挑战性的意义，研究表明，具有挑战性的任务事实上会增加小组活动的成功概率。你还了解，对小组活动内容、过程和产出进行区分，即便基础能力不同的学生也会为小组活动做出自己独一无二的贡献。同时，你还有我们的示范教师所提供的教学模型来协助你讲授技巧，指导学生进行互动。你已经全副武装，可以开启培养合作型以及最终独立型学习者的征途了。

在这个过程中为了对你有所帮助，我们列出了以下一系列需要考虑的问题。我们希望这些问题能帮助你计划和指导课堂上的高效小组活动。★

计划小组活动

1. 当计划一学期或一学年的教学大纲时，你如何确定适用于小组活动的话题、主题或项目？

2. 你如何与学生交流或者向其解释小组任务目标，定义相关概念（口头、书面还是举例说明）？

3. 你将如何明确学生为了成功完成某一具体项目或任务所需要的必备技巧？

★ 改编自芭芭拉·格罗斯·戴维斯的《教学工具》（pp.18-154），经版权方 John Wiley & Sons, Inc. 许可使用。

4. 你将什么时候以及如何教给学生这些技巧？

让学生做好准备从事小组活动？

1. 不考虑任务或产出（比如，积极倾听、帮助彼此掌握内容、提出或者收到有助益的评论和管理分歧），为了在小组中进行有效合作，是否存在学生需要的学习和练习的通用技巧？

2. 在小组进行互动的过程中，你是如何以及何时交给学生这些技巧的？

3. 学生启动小组合作学习最大障碍是什么？你如何帮助他们克服那些障碍？

4. 为了帮助学生启动小组合作学习，你是否练习过如何组建团队？

设计小组活动

1. 你如何设计需要相互依存关系的小组合作学习任务？在这样的小组任务中，学生既要对小组其他成员负责，也要依靠小组其他成员。

2. 你如何确保每位成员的工作量相等？

3. 你使用什么样的奖励或者鼓励方法来帮助或激励学生从事小组活动？

4. 为了确保学生所从事的小组活动达到标准，同时还能照顾到学生不同的语言和阅读水平，你如何对小组任务进行划分？

5. 学生如何帮助由于语言和学习能力的差异疲于应对任务的小组同伴？

6. 你是否使用了竞争机制或小组冠军机制？

7. 学生是否有机会面对面合作和通过网络合作？

组织学习小组

1. 你是如何进行分组的？在分组时，课堂上有许多英语学习者的教师需要考虑哪些问题？

2. 是否存在最优的小组规模?

3. 你如何帮助各小组制订行动计划（谁在什么时间做什么事）?

4. 小组内部是如何进行决策的?

5. 对于持续许多天甚至许多个星期的任务或项目，你将使用怎样的程序来检查进展?

6. 学生如何应对不合作的成员和处理矛盾?

评估小组活动

1. 教师、小组和个人都如何评估小组合作学习?

2. 评估内容是否包括产品质量和小组绩效?

3. 你如何向学生解释评分系统?

4. 是否存在没有被正式评定的小组合作学习？如果有，在评估这类小组合作学习时都会使用哪些反馈或评价?

处理学生对于小组活动的担忧

1. 你如何评价学生对于小组合作学习的感受——尤其是他们从事小组活动的经历，那些经历是积极的还是消极的?

2. 你如何应对那些喜欢独自工作的学生?

3. 当某个小组无法运作时，会出现哪些情况?

4. 在进行合作后，学生对于小组活动的看法和感受发生了怎样的变化?

通向独立学习的合作之路

最后，我们要从对高效小组活动的关注转移开，再次将其看作是逐步释放的责任（GRR）到学习者身上这一个自然过程的一部分。为了让学生能够反思并评估自己的学习情况，计划下一步，用独特的方式进行学习——这些都是我们为学生设定的终极目标，经过深思熟虑设计的小组活动能促使学生为了这些目标而不断努力。通过与老师和同学的互动，学生对于自己以及周围世界的理解越来越深刻了。神经生物学家已经证实，人类对于意义的追寻是与生俱来的本能，意义来源于学习者自身，不是来自老师，然而，需要教师交给学生技巧并赋予学生自信，让他们自己创造意义。

达尔西和马里奥是两位刚刚来到这个国家的英语学习者，他们向我们证明了，这个学习过程可以非常成功。在他们的英语语言能力发展课上，学习了有关移民调查的一个单元，其中包括对弗朗西斯科·西门尼斯的作品《流浪之旅：一个移民孩子的生活故事》的研究。在学习这一单元的过程中，学生先听老师读，再自己读，然后和老师见面讨论他们的想法，最后进行高效小组活动。为了巩固和扩展他们对于移民这一主题的知识和思想，这本书里介绍的多数指导方法，他们都采用过了——包括速写、思维组织图、同伴对话和同伴反馈。最后，在这一单元快要结束时，老师要求学生完成一项个人任务：根据他们自身的移民经验写一首诗。下面便是达尔西和马里奥所写的诗：

达尔西的诗

如何对你说再见？
给了我生命的那个女人，
抚养我长大的家庭，
教导我绝不放弃的他们……

如何对你说再见？
所有我熟知的人，
习惯了的事。

开始新生活是多么的艰难
在一个陌生的地方
面对陌生的人

更让我难以承受的是，
没有了生命中最强大的支柱
——我的母亲

说再见

苦痛难以言表；

祖父母和朋友们

压着我的心，

形单影只，

谁在我的生命中挖了一个洞？

马里奥的诗

八月酷夏清晨

我坐在床边

思索着，

为什么我要离开

我的朋友、我的家，

那些所有爱着我的人——

离开我灵感的源泉、我的城市、我的国家？

从窗口眺望

美妙的朝阳，

清爽的早晨，

闯进了我的房

我坐在床边

思索着，

如何对你说再见

听我诉说的你，

听见了我第一次说话

成为我第一个世界的你?

泪如泉涌

无声无息。

此时最艰难的一刻,

她知道我要背井离乡了,

三分钟足以说再见,

又如何说离别?

说我对她的爱无以言表。

泪如泉涌

无声无息,

我已泣不成声

又如何说得了离别。

三分钟,我的一生,

心虽跳动

却已麻木僵硬

叫我如何说离别?

达尔西和马里奥对移民的理解变得更加深刻了,课堂环境和高效小组活动所发挥的作用显而易见,这一点在他们写给家人的离别诗中可见一斑。见过这些学生在美国第一年的学习,多数人也许会认为,他们很难适应这里的学习生活，但他们完成的项目展现了他们理解的深度和技巧，这是所有教师都希望发生的，当然，他们还需要继续提高他们的英语语言水平。当你读这两首诗时，想象这一幕，两位年轻的诗人，站在老师和同学的面前，大声朗读他们写给家人的颂词。而这一刻，他们不再孤独，他们属于一个学习集体。而且他们已成为学有所成的学生，已经踏上了通向成为独立学习者的大路，寻找并创造属于自己的意义。这就是我们所有人对他们两个人的期待，也是对所有学生的期待。

作者信息

南希·弗雷教授是圣地亚哥州立大学教育学院的读写教育教授,同时还是保健医学院的教师。在成为大学教师之前,南希是佛罗里达州布劳沃德县(Broward County)公立学校的专职教师,其学生主要是小学生和初中生。后来她就职于佛罗里达州教育厅,其间参与了一项支持残疾学生学习通识课程的全州范围的项目。南希是美国大学协会颁发的克里斯塔·麦考利夫卓越教师奖的获得者,同时还获得了全国读书大会授予的早期事业奖,她的研究兴趣包括阅读和读写能力、评估、介入和课程设计。在读写能力和教学方向,她发表了许多文章,出版了许多书,包括《获取信息的阅读》和《通过有体系的教学实现高质量的学习》(两本书都是与道格拉斯·费舍合著完成的)。

道格拉斯·费舍教授是圣地亚哥州立大学教育学院的一名语言与读写教育教授，同时还是保健医学院的教师。他是加州读书名人堂的会员，是国际读书协会卓越读写奖、全国英语教师委员会优秀写作耕耘奖和美国大学协会克里斯塔·麦考利夫卓越教师奖的获得者。他发表了大量有关提升学生能力的文章，他出版的著作包括《构建读写能力——青少年的宝贵教育》（与加伊·艾维合著）、《为了理解而询问》（南希·弗雷）和《知识领域的对话》（卡罗尔·罗滕伯格和南希·弗雷合著）。

桑迪·艾佛劳芙是"以教为先"项目的创始者和学术主管，她是专业教学模型的主要设计师，这一教学模型把基于研究的教学实践视频、合作学习集体、领导才能发展和在线咨询整合了起来。在组建"教育为先"项目之前，桑迪是西雅图公立学校的高中化学教师。1998年她获得了华盛顿州金苹果奖，其建设的高中道德伦理课也是获奖项目。她一直充满激情地致力于儿童教育，建立并训练了一个流动的专业教育发展团队，为危地马拉的农村教师提供支持，合作建立了华盛顿湖女子中学，这是华盛顿州第一所非营利的、非宗教性质的女子中学。

"常青藤"书系——中青文教师用书总目录

书名	书号	定价
特别推荐——从优秀到卓越系列		
从优秀教师到卓越教师：极具影响力的日常教学策略	9787515312378	33.80
从优秀教学到卓越教学：让学生专注学习的最实用教学指南	9787515324227	39.90
从优秀学校到卓越学校：他们的校长在哪些方面做得更好	9787515325637	59.90
卓越课堂管理（中国教育新闻网2015年度"影响教师的100本书"）	9787515331362	88.00
名师新经典/教育名著		
最难的问题不在考试中：先别教答案，带学生自己找到想问的事	9787515365930	48.00
在芬兰中小学课堂观摩研修的365日	9787515363608	49.00
马文·柯林斯的教育之道：通往卓越教育的路径（《中国教育报》2019年度"教师喜爱的100本书"，中国教育新闻网2019年度"影响教师的100本书"。朱永新作序，李希贵力荐）	9787515355122	49.80
如何当好一名学校中层：快速提升中层能力、成就优秀学校的31个高效策略	9787515346519	49.00
像冠军一样教学（全新修订版）：提升学生认知、习惯、专注力和归属感的63个教学诀窍	9787515373287	79.90
像冠军一样教学2：引领教师掌握62个教学诀窍的实操手册与教学资源	9787515352022	68.00
如何成为高效能教师	9787515301747	89.00
给教师的101条建议（第三版）（《中国教育报》"最佳图书"奖）	9787515342665	49.00
改善学生课堂表现的50个方法：小技巧获得大改变（中国教育新闻网2010年度"影响教师的100本书"）	9787500693536	33.00
改善学生课堂表现的50个方法操作指南：小技巧获得大改变	9787515334783	39.00
美国中小学世界历史读本／世界地理读本／艺术史读本	9787515317397等	106.00
美国语文读本（1~6册）	9787515314624等	252.70
和优秀教师一起读苏霍姆林斯基	9787500698401	27.00
快速破解60个日常教学难题	9787515339320	39.90
美国最好的中学是怎样的——让孩子成为学习高手的乐园	9787515344713	28.00
建立以学习共同体为导向的师生关系：让教育的复杂问题变得简单	9787515353449	33.80
教师成长/专业素养		
教学与学习的科学：每位教师都应知道的56项教育研究成果	9787515371399	59.90
如何更专业地教学：创建一个科学、连贯的教学框架，系统实现专业教学	9787515371351	49.90
如何爱上教学：给倦怠期教师的建议	9787515373607	49.90
如何促进教师发展与评价：一套精准提高教师专业成长的马扎诺实操系统	9787515366913	59.90
人工智能如何影响教学：从作业设计、个性化学习到创新评价方法	9787515370125	49.00
项目式学习标准：经过验证的、严谨的、行之有效的课堂教学	9787515371252	49.90
自适应学习与合作学习：如何在学校课程体系中实现学生的深度学习	9787515371276	49.90
教师生存指南：即查即用的课堂策略、教学工具和课程活动	9787515370521	79.00
如何管理课堂行为	9787515370941	49.90
连接课：与中小学学科课程并重的一门课	9787515370613	49.90
专业学习共同体：如何提高学生成绩	9787515370149	49.90
更好的沟通：如何通过训练变得更可信、更体贴、更有人脉	9787515372440	59.90
教师生存指南：即查即用的课堂策略、教学工具和课程活动	9787515370521	79.00
如何更积极地教学	9787515369594	49.00
教师的专业成长与评价性思考：专业主义如何影响和改变教育	9787515369143	49.90
精益教育与可见的学习：如何用更精简的教学实现更好的学习成果	9787515368672	59.00
教学这件事：感动几代人的教师专业成长指南	9787515367910	49.00
如何更快地变得更好：新教师90天培训计划	9787515365824	59.90
让每个孩子都发光：赋能学生成长、促进教师发展的KIPP学校教育模式	9787515366852	59.90
60秒教师专业发展指南：给教师的239个持续成长建议	9787515366739	59.90
通过积极的师生关系提升学生成绩：给教师的行动清单	9787515356877	49.00
卓越教师工具包：帮你顺利度过从教的前5年	9787515361345	49.00
可见的学习与深度学习：最大化学生的技能、意志力和兴奋感	9787515361116	45.00
学生教给我的17件重要的事：带你回到爱、勇气、坚持与创意的人生课堂	9787515361208	39.80
教师如何持续学习与精进	9787515361109	39.00
从实习教师到优秀教师	9787515358673	39.90

	书名	书号	定价
	像领袖一样教学：改变学生命运，使学生变得更好（中国教育新闻网2015年度"影响教师的100本书"）	9787515355375	49.00
★	你的第一年：新教师如何生存和发展	9787515351599	33.80
	教师精力管理：让教师高效教学，学生自主学习	9787515349169	39.90
	如何使学生成为优秀的思考者和学习者：哈佛大学教育学院课堂思考解决方案	9787515348155	49.90
	反思性教学：一个已被证明能让教师做到更好的培训项目（30周年纪念版）	9787515347837	59.90
	凭什么让学生服你：极具影响力的日常教育策略（中国教育新闻网2017年度"影响教师的100本书"）	9787515347554	39.90
	运用积极心理学提高学生成绩（中国教育新闻网2017年度"影响教师的100本书"）	9787515345680	59.90
	可见的学习与思维教学（教学资源版）：成长型思维教学的54个教学资源	9787515354743	36.00
	可见的学习与思维教学：让教学对学生可见，让学习对教师可见（中国教育报2017年度"教师喜爱的100本书"）	9787515345000	39.90
	教学是一段旅程：成长为卓越教师你一定要知道的事	9787515344478	39.00
	安奈特·布鲁肖写给教师的101首诗	9787515340982	35.00
	万人迷老师养成宝典学习指南	9787515340784	28.00
	中小学教师职业道德培训手册：师德的定义、养成与评估	9787515340777	32.00
	成为顶尖教师的10项修炼（中国教育新闻网2015年度"影响教师的100本书"）	9787515334066	49.90
★	T.E.T. 教师效能训练：一个已被证明能让所有年龄学生做到最好的培训项目（30周年纪念版）（中国教育新闻网2015年度"影响教师的100本书"）	9787515332284	49.00
	教学需要打破常规：全世界最受欢迎的创意教学法（中国教育新闻网2015年度"影响教师的100本书"）	9787515331591	45.00
	给幼儿教师的100个创意：幼儿园班级设计与管理	9787515330310	39.90
	给小学教师的100个创意：发展思维能力	9787515327402	29.00
	给中学教师的100个创意：如何激发学生的天赋和特长/杰出的教学/快速改善学生课堂表现	9787515330723等	87.90
	以学生为中心的翻转教学11法	9787515328386	29.00
	如何使教师保持职业激情	9787515305868	29.00
★	如何培训高效能教师：来自全美权威教师培训项目的建议	9787515324685	39.90
	良好教学效果的12试金石：每天都需要专注的事情清单	9787515326283	29.90
★	让每个学生主动参与学习的37个技巧	9787515320526	45.00
	给教师的40堂培训课：教师学习与发展的最佳实操手册	9787515352787	39.90
	提高学生学习效率的9种教学方法	9787515310954	27.80
★	优秀教师的课堂艺术：唤醒快乐积极的教学技能手册	9787515342719	26.00
★	万人迷老师养成宝典（第2版）（中国教育新闻网2010年度"影响教师的100本书"）	9787515342702	39.00
课堂教学/课堂管理			
★	如何成为一名反思型教师	9787515372754	59.90
	设计有效的教学评价与评分系统	9787515372488	49.90
	卓有成效的课堂管理	9787515372464	49.90
	如何在课堂上使用反馈和评价	9787515371719	49.90
	跨学科阅读技能训练：让学生学会通过阅读而学习	9787515372105	49.90
★	老师怎么做，学生才会听：给教师的学生行为管理指南	9787515370811	59.90
	精通式学习法：基于提高学生能力的学习方法	9787515370606	49.90
	好的教学是设计出来的：一套详细、先进、实用的卓越课堂设计和实施方案	9787515370705	49.00
	翻转课堂与差异化教学：以学生为中心的课内翻转教学法	9787515370590	49.90
	精益备课法：在课堂上少做多得的实用方法	9787515370088	49.90
	记忆教学法：利用记忆在课堂上建立深入和持久的学习	9787515370095	49.90
	动机教学法：利用学习动机科学来提高课堂上的注意力和努力	9787515370101	49.90
	目标教学法	9787515372952	49.90
★	课堂上的提问逻辑：更深度、更系统地促进学生的学习与思考	9787515369983	49.90
	可见的教学影响力：系统地执行可见的学习5D深度教学	9787515369624	59.00
	极简课堂管理法：给教师的18个精讲课堂管理的建议	9787515369600	49.00
★	像行为管理大师一样管理你的课堂：给教师的课堂行为管理解决方案	9787515368108	59.00
	差异化教学与个性化教学：未来多元课堂的智慧教学解决方案	9787515367095	49.90
	如何设计线上教学细节：快速提升线上课程在线率和课堂学习参与度	9787515365886	49.00

书名	书号	定价
设计型学习法：教学与学习的重新构想	9787515366982	59.00
让学习真正在课堂上发生：基于学习状态、高度参与、课堂生态的深度教学	9787515366975	49.00
让教师变得更好的75个方法：用更少的压力获得更快的成功	9787515365831	49.00
技术如何改变教学：使用课堂技术创造令人兴奋的学习体验，并让学生对学习记忆深刻	9787515366661	49.00
课堂上的问题形成技术：老师怎样做，学生才会提出好的问题	9787515366401	45.00
翻转课堂与项目式学习	9787515365817	45.00
优秀教师一定要知道的19件事：回答教师核心素养问题，解读为什么要向优秀者看齐	9787515366630	39.00
从作业设计开始的30个创意教学法：运用互动反馈循环实现深度学习	9787515366364	59.00
基于课堂中精准理解的教学设计	9787515365909	49.00
如何创建培养自主学习者的课堂管理系统	9787515365879	49.00
如何设计深度学习的课堂：引导学生学习的176个教学工具	9787515366715	49.90
如何提高课堂创意与参与度：每个教师都可以使用的178个教学工具	9787515365763	49.90
如何激活学生思维：激励学生学习与思考的187个教学工具	9787515365770	49.90
男孩不难教：男孩学业、态度、行为问题的新解决方案	9787515364827	49.90
高度参与的线上线下融合式教学设计：极具影响力的备课、上课、练习、评价项目教学法	9787515364438	49.00
跨学科项目式教学：通过"+1"教学法进行计划、管理和评估	9787515361086	49.00
课堂上最重要的56件事	9787515360775	35.00
全脑教学与游戏教学法	9787515360690	39.00
深度教学：运用苏格拉底式提问法有效开展备课设计和课堂教学	9787515360591	49.90
一看就会的课堂设计：三个步骤快速构建完整的课堂管理体系	9787515360584	39.90
如何有效激发学生学习兴趣	9787515360577	38.00
如何解决课堂上最关键的9个问题	9787515360195	49.00
多元智能教学法：挖掘每一个学生的最大潜能	9787515359885	39.90
探究式教学：让学生学会思考的四个步骤	9787515359496	39.00
课堂提问的技术与艺术	9787515358925	49.00
如何在课堂上实现卓越的教与学	9787515358321	49.00
基于学习风格的差异化教学	9787515358437	39.90
如何在课堂上提问：好问题胜过好答案	9787515358253	39.00
高度参与的课堂：提高学生专注力的沉浸式教学	9787515357522	39.90
让学习变得有趣	9787515357782	39.00
如何利用学校网络进行项目式学习和个性化学习	9787515357591	39.90
基于问题导向的互动式、启发式与探究式课堂教学法	9787515356792	49.00
如何在课堂中使用讨论：引导学生讨论式学习的60种课堂活动	9787515357027	38.00
如何在课堂中使用差异化教学	9787515357010	39.90
如何在课堂中培养成长型思维	9787515356754	39.90
每一位教师都是领导者：重新定义教学领导力	9787515356518	39.90
教室里的1-2-3魔法教学：美国广泛使用的从学前到八年级的有效课堂纪律管理	9787515355986	39.90
如何在课堂中使用布卢姆教育目标分类法	9787515355658	39.00
如何在课堂上使用学习评估	9787515355597	39.00
7天建立行之有效的课堂管理系统：以学生为中心的分层式正面管教	9787515355269	29.90
积极课堂：如何更好地解决课堂纪律与学生的冲突	9787515354590	38.00
设计智慧课堂：培养学生一生受用的学习习惯与思维方式	9787515352770	39.00
追求学习结果的88个经典教学设计：轻松打造学生积极参与的互动课堂	9787515353524	39.00
从备课开始的100个课堂活动设计：创造积极课堂环境和学习乐趣的教师工具包	9787515353432	33.80
老师怎么教，学生才能记得住	9787515353067	48.00
多维互动式课堂管理：50个行之有效的方法助你事半功倍	9787515353395	39.80
智能课堂设计清单：帮助教师建立一套规范程序和做事方法	9787515352985	49.90
提升学生小组合作学习的56个策略：让学生变得专注、自信、会学习	9787515352954	29.90
快速处理学生行为问题的52个方法：让学生变得自律、专注、爱学习	9787515352428	39.00
王牌教学法：罗恩·克拉克学校的创意课堂	9787515352145	39.80
让学生快速融入课堂的88个趣味游戏：让上课变得新颖、紧凑、有成效	9787515351889	39.00
如何调动与激励学生：唤醒每个内在学习者（李希贵校长推荐全校教师研读）	9787515350448	39.80
合作学习技能35课：培养学生的协作能力和未来竞争力	9787515340524	59.00

	书名	书号	定价
	基于课程标准的STEM教学设计：有趣有料有效的STEM跨学科培养教学方案	9787515349879	68.00
	如何设计教学细节：好课堂是设计出来的	9787515349152	39.00
	15秒课堂管理法：让上课变得有料、有趣、有秩序	9787515348490	49.00
	混合式教学：技术工具辅助教学实操手册	9787515347073	39.80
	从备课开始的50个创意教学法	9787515346618	39.00
	给小学教师的100个简单的科学实验创意	9787515342481	39.00
	老师如何提问，学生才会思考	9787515341217	49.00
	教师如何提高学生小组合作学习效率	9787515340340	39.00
	卓越教师的200条教学策略	9787515340401	49.90
	中小学生执行力训练手册：教出高效、专注、有自信的学生	9787515335384	49.90
	从课堂开始的创客教育：培养每一位学生的创造能力	9787515342047	33.00
	提高学生学习专注力的8个方法：打造深度学习课堂	9787515333557	35.00
	改善学生学习态度的58个建议	9787515324067	36.00
★	全脑教学（中国教育新闻网2015年度"影响教师的100本书"）	9787515323169	38.00
	全脑教学与成长型思维教学：提高学生学习力的92个课堂游戏	9787515349466	39.00
★	哈佛大学教育学院思维训练课：让学生学会思考的20个方法	9787515325101	59.90
	完美结束一堂课的35个好创意	9787515325163	28.00
	如何更好地教学：优秀教师一定要知道的事	9787515324609	49.90
	带着目的教与学	9787515323978	39.90
★	美国中小学生社会技能课程与活动（学前阶段/1~3年级/4~6年级/7~12年级）	9787515322537等	215.70
	彻底走出教学误区：开启轻松智能课堂管理的45个方法	9787515322285	28.00
	破解问题学生的行为密码：如何教好焦虑、逆反、孤僻、暴躁、早熟的学生	9787515322292	36.00
	13个教学难题解决手册	9787515320502	28.00
★	让学生爱上学习的165个课堂游戏	9787515319032	59.00
	美国学生游戏与素质训练手册：培养孩子合作、自尊、沟通、情商的103种教育游戏	9787515325156	49.00
	老师怎么说，学生才会听	9787515312057	39.00
	快乐教学：如何让学生积极与你互动（中国教育新闻网2010年度"影响教师的100本书"）	9787500696087	29.00
★	老师怎么教，学生才会提问	9787515317410	29.00
★	快速改善课堂纪律的75个方法	9787515313665	39.90
★	教学可以很简单：高效能教师轻松教学7法	9787515314457	39.00
★	好老师可以避免的20个课堂错误（中国教育新闻网2010年度"影响教师的100本书"）	9787500688785	39.90
★	好老师应对课堂挑战的25个方法（《给教师的101条建议》作者新书）	9787500699378	25.00
★	好老师激励后进生的21个课堂技巧	9787515311838	39.80
	开始和结束一堂课的50个好创意	9787515312071	29.80
	好老师因材施教的12个方法（美国著名教师伊莉莎白"好老师"三部曲）	9787500694847	22.00
★	如何打造高效能课堂	9787500680666	29.00
	合理有据的教师评价：课堂评估衡量学生进步	9787515330815	29.00
班主任工作/德育			
	30年班主任，我没干够（《凭什么让学生服你》姊妹篇）	9787515370569	59.00
★	北京四中8班的教育奇迹	9787515321608	36.00
★	师德教育培训手册	9787515326627	29.80
★	好老师征服后进生的14堂课（美国著名教师伊莉莎白"好老师"三部曲）	9787500693819	39.90
	优秀班主任的50条建议：师德教育感动读本（《中国教育报》专题推荐）	9787515305752	23.00
学校管理/校长领导力			
	卓有成效的学校管理	9787515369693	49.90
	改造一所学校的设计新方案	9787515373737	69.90
★	哈佛大学教育学院学校创新管理课	9787515369389	59.90
	如何构建积极型学校	9787515368818	49.90
	卓越课堂的50个关键问题	9787515366678	39.00
	如何培育卓越教师：给学校管理者的行动清单	9787515357034	39.00
★	学校管理最重要的48件事	9787515361055	39.80
	重新设计学习和教学空间：设计利于活动、游戏、学习、创造的学习环境	9787515360447	49.90
	重新设计一所好学校：简单、合理、多样化地解构和重塑现有学习空间和学校环境	9787515356129	49.00

书名	书号	定价
学校管理者平衡时间和精力的21个方法	9787515349886	29.90
校长引导中层和教师思考的50个问题	9787515349176	29.00
如何定义、评估和改变学校文化	9787515340371	49.90
优秀校长一定要做的18件事（中国教育新闻网2009年度"影响教师的100本书"）	9787515342733	39.90
学科教学/教科研		
精读三国演义20讲：读写与思辨能力提升之道	9787515369785	59.90
中学古文观止50讲：文言文阅读能力提升之道	9787515366555	59.90
完美英语备课法：用更短时间和更少材料让学生高度参与的100个课堂游戏	9787515366524	49.00
人大附中整本书阅读取胜之道：让阅读与作文双赢	9787515364636	59.90
北京四中语文课：千古文章	9787515360973	59.00
北京四中语文课：亲近经典	9787515360980	59.00
从备课开始的56个英语创意教学：快速从小白老师到名师高手	9787515359878	49.90
美国学生写作技能训练	9787515355979	39.90
《道德经》妙解、导读与分享（诵读版）	9787515351407	49.00
京沪穗江浙名校名师联手教你：如何写好中考作文	9787515356570	49.90
京沪穗江浙名校名师联手授课：如何写好高考作文	9787515356686	49.80
人大附中中考作文取胜之道	9787515345567	59.90
人大附中高考作文取胜之道	9787515320694	49.90
人大附中学生这样学语文：走近经典名著	9787515328959	49.90
四界语文（《中国教育报》2017年度"教师喜爱的100本书"）	9787515348483	49.00
让小学一年级孩子爱上阅读的40个方法	9787515307589	39.90
让学生爱上数学的48个游戏	9787515326207	26.00
轻松100课教会孩子阅读英文	9787515338781	88.00
情商教育/心理咨询		
如何防止校园霸凌：帮助孩子自信、有韧性和坚强成长的实用工具	9787515370156	59.90
连接课：与中小学学科课程并重的一门课	9787515370613	49.90
给大人的关于儿童青少年情绪与行为问题的应对指南	9787515366418	89.90
教师焦点解决方案：运用焦点解决方案管理学生情绪与行为	9787515369471	49.90
9节课，教你读懂孩子：妙解亲子教育、青春期教育、隔代教育难题	9787515351056	39.80
学生版盖洛普优势识别器（独一无二的优势测量工具）	9787515350387	169.00
与孩子好好说话（获"美国国家育儿出版物（NAPPA）金奖"）	9787515350370	39.80
中小学心理教师的10项修炼	9787515309347	36.00
别和青春期的孩子较劲（增订版）（中国教育新闻网2009年度"影响教师的100本书"）	9787515343075	39.90
100条让孩子胜出的社交规则	9787515327648	28.00
守护孩子安全一定要知道的17个方法	9787515326405	32.00
幼儿园/学前教育		
幼儿园室内区域活动书：107个有趣的学习游戏活动	9787515369778	59.90
幼儿园户外区域活动书：106个有趣的学习游戏活动	9787515369761	59.90
中挪学前教育合作式学习：经验·对话·反思	9787515364858	79.00
幼小衔接听read能力课	9787515364643	33.00
用蒙台梭利教育法开启0~6岁男孩潜能	9787515361222	45.00
德国幼儿的自我表达课：不是孩子爱闹情绪，是她/他想说却不会说！	9787515359458	59.00
德国幼儿教育成功的秘密：近距离体验德国学前教育理念与幼儿园日常活动安排	9787515359465	49.80
美国儿童自然拼读启蒙课：至关重要的早期阅读训练系统	9787515351933	49.80
幼儿园30个大主题活动精选：让工作更轻松的整合技巧	9787515339627	39.80
美国幼儿教育活动大百科：儿童学习与发展指南用书 科学/艺术/健康与语言/社会	9787515324265等	600.00
蒙台梭利儿童教育手册：3~6岁儿童学习与发展指南（实践版）	9787515307664	33.00
自由地学习：华德福的幼儿园教育	9787515328300	49.90
教育主张/教育视野		
学习的维度：马扎诺教育研究实验室教学模型	9787515375335	69.90
为问题提出而教：支持学生从问题走向问题解决的学习模型	9787515372716	59.90
重新定义教育：为核心素养而教，为生存能力而学（中国教育新闻网2023年度"影响教师的100本书"）	9787515369945	59.90

	书名	书号	定价
	重新定义学习：如何设计未来学校与引领未来学习	9787515367484	49.90
	教育新思维：帮助孩子达成目标的实战教学法	9787515365848	49.00
	用心学习：教育大师托尼·瓦格纳的学习之道（中国教育新闻网2023年度"影响教师的100本书"）	9787515366685	59.90
	为什么学生不喜欢上学？：认知心理学家解开大脑学习的运作结构，如何更有效地学习与思考（中国教育新闻网2023年度"影响教师的100本书"）	9787515367088	59.90
★	教学是如何发生的：关于教学与教师效能的开创性研究及其实践意义	9787515370323	59.90
★	学习是如何发生的：教育心理学中的开创性研究及其实践意义	9787515366531	59.90
	父母不应该错过的犹太人育儿法	9787515365688	59.00
	如何在线教学：教师在智能教育新形态下的生存与发展	9787515365855	49.00
	正向养育：黑幼龙的慢养哲学	9787515365671	39.90
	颠覆教育的人：蒙台梭利传	9787515365572	59.90
	如何科学地帮助孩子学习：每个父母都应知道的77项教育知识	9787515368092	59.00
	学习的科学：每位教师都应知道的99项教育研究成果（升级版）	9787515368078	59.90
	学习的科学：每位教师都应知道的77项教育研究成果	9787515364094	59.00
	真实性学习：如何设计体验式、情境式、主动式的学习课堂	9787515363769	49.00
	哈佛前1%的秘密（俞敏洪、成甲、姚梅林、张梅玲推荐）	9787515363349	59.90
	基于七个习惯的自我领导力教育设计：让学校育人更有道，让学生自育更有根	9787515362809	69.00
	终身学习：让学生在未来拥有不可替代的决胜力	9787515360560	49.90
	颠覆性思维：为什么我们的阅读方式很重要	9787515360393	39.90
	如何教学生阅读与思考：每位教师都需要的阅读训练手册	9787515359472	39.00
	成长型教师：如何持续提升教师成长力、影响力与教育力	9787515368689	48.00
	教出阅读力	9787515352800	39.90
	为学生赋能：当学生自己掌控学习时，会发生什么	9787515352848	33.00
★	如何用设计思维创意教学：风靡全球的创造力培养方法	9787515352367	39.80
	如何发现孩子：实践蒙台梭利解放天性的趣味游戏	9787515325750	32.00
	如何学习：用更短的时间达到更佳效果和更好成绩	9787515349084	49.00
	教师和家长共同培养卓越学生的10个策略	9787515331355	27.00
★	如何阅读：一个已被证实的低投入高回报的学习方法	9787515346847	39.00
★	芬兰教育全球第一的秘密（钻石版）（《中国教育报》等主流媒体专题推荐）	9787515359922	59.00
	培养终身学习能力和习惯的芬兰教育：成就每一个学生，拥有适应未来的核心素养和必备技能	9787515370415	59.00
	杰出青少年的7个习惯（精英版）	9787515342672	39.00
	杰出青少年的7个习惯（成长版）	9787515335155	29.00
★	杰出青少年的6个决定（领袖版）（全国优秀出版物奖）	9787515342658	49.90
★	7个习惯教出优秀学生（第2版）（全球畅销书《高效能人士的七个习惯》教师版）	9787515342573	39.90
	学习的科学：如何学习得更好更快（中国教育新闻网2016年度"影响教师的100本书"）	9787515341767	39.80
	杰出青少年构建内心世界的5个坐标（中国青少年成长公开课）	9787515314952	59.00
★	跳出教育的盒子（第2版）（美国中小学教学经典畅销书）	9787515344676	35.00
	夏烈教授给高中生的19场讲座	9787515318813	29.90
★	学习之道：美国公认经典学习书	9787515342641	39.00
	翻转学习：如何更好地实践翻转课堂与慕课教学（中国教育新闻网2015年度"影响教师的100本书"）	9787515334837	32.00
★	翻转课堂与慕课教学：一场正在到来的教育变革	9787515328232	26.00
	翻转课堂与混合式教学：互联网+时代，教育变革的最佳解决方案	9787515349022	29.80
	翻转课堂与深度学习：人工智能时代，以学生为中心的智慧教学	9787515351582	29.80
★	奇迹学校：震撼美国教育界的教学传奇（中国教育新闻网2015年度"影响教师的100本书"）	9787515327044	36.00
★	学校是一段旅程：华德福教师1~8年级教学手记	9787515327945	49.00
★	高效能人士的七个习惯（30周年纪念版）（全球畅销书）	9787515360430	79.00

您可以通过如下途径购买：
1. 书　　店：各地新华书店、教育书店。
2. 网上书店：当当网（www.dangdang.com）、天猫（zqwts.tmall.com）、京东网（www.jd.com）。
3. 团　　购：各地教育部门、学校、教师培训机构、图书馆团购，可享受特别优惠。
　 购书热线：010-65511272 / 65516873

英国"以学生需求为中心"的课堂管理/教学法系列

风靡全球教育界的"五彩书" | 深受200多万教师推崇和追捧

[英] 罗博·普莱文 著

7天成功的课堂管理,
让教与学直接"变现"

第一分钟抓住注意力,
无聊课堂变"欢乐天堂"

助力小组合作,
掌握持久、可迁移的理解式学习

专治"问题学生",
课堂管理"行为工具包"

让每1次对话都积极、
互动、有意义,
管理有成效

从备课开始,
到上课、说课、做课,
做一个魔法教师

获中国教育新闻网

"影响教师的100本书"

将备受追捧的"成长型思维模式"运用课堂教学的指南

提供独到、系统、可立即参考使用的

成长型思维教学案例、教学方法、教学任务模板、教学评估和教学资源

以及建立成长型思维模式学校文化的步骤和策略

真正落实差异化、因材施教、回应式的课堂教学

让教学对学生可见,让学习对教师可见

《可见的学习与思维教学》

《可见的学习与思维教学》(教学资源版)

持续高居教育类畅销榜

被列入教师职业发展学分计划